AM ENDE
EINER LIEBE

HAZELDEN MEDITATIONSBÜCHER

Am Ende einer Liebe

Meditationen für einen Neubeginn

Ins Deutsche übertragen
von Gabriel Stein

WILHELM HEYNE VERLAG
MÜNCHEN

Titel der amerikanischen Originalausgabe
BEGINNING AGAIN
Beyond the End of Love
Ins Deutsche übertragen von Gabriel Stein

Die Originalausgabe erschien im
Verlag Hazelden Foundation, Minnesota, USA
Copyright © 1991 by William J. Limón
Copyright © 1992 der deutschen Ausgabe
by Wilhelm Heyne Verlag GmbH & Co. KG, München
Umschlaggestaltung: Atelier Ingrid Schütz, München
Satz: Schaber, Wels
Druck und Bindung: RMO-Druck, München
Printed in Germany

ISBN 3-453-05919-0

Widmung

*Für Kate —
und die Teilnehmer
meiner Gesprächsgruppen, in denen wir
die Trennung vom geliebten Menschen
aufzuarbeiten versuchen.
Ich hoffe,
die folgenden Seiten legen Zeugnis ab
von ihrem bewundernswerten Mut
und großen Mitgefühl.*

Einleitung

Dieses Buch handelt von inneren und äußeren Wandlungen. Gewiß wird jeder von uns tagtäglich mit den unterschiedlichsten Veränderungen konfrontiert. Sie resultieren immer aus irgendeiner Art von Verlust — ob es dabei um kleinere Enttäuschungen, größere Unannehmlichkeiten oder gar um ein tragisches Unglück geht. Selbst wenn eine solche Veränderung positiv ist, entsteht durch den oft heimlichen Verlust früherer Gewohnheiten, Einstellungen und Beziehungen ein subtiles Unbehagen, das die eigene Welt beeinträchtigt und daher bereinigt werden muß.

Wenige Ereignisse greifen so tief in unser Leben ein wie das Ende einer wichtigen Liebesbeziehung, das durch Trennung oder Scheidung besiegelt wird. Wenn unsere Verbindung zu dem geliebten Menschen abbricht, werden damit nicht nur viele unserer Hoffnungen und Träume zunichte gemacht: Auch das Bild, das wir von uns selbst und unserem Dasein entworfen haben, verliert seine Gültigkeit. Nach solchen Verlusterfahrungen neu zu beginnen, erscheint oft als eine nicht zu bewältigende Aufgabe. Schon das Aufstehen am Morgen, das bloße Überleben von einem Tag zum nächsten, ist fast unmöglich. Viele von uns verfallen in Depression, sind wütend und verzweifelt angesichts jener routinemäßigen Pflichten, die immerzu Druck ausüben. Wir sind dann besonders anfällig für psychosomatische Krankheiten und den Mißbrauch von Alkohol und anderen Drogen.

Dennoch: Mit jedem Ende wird Raum geschaffen für einen Neubeginn. Mögen wir uns darüber im klaren sein oder nicht: *Wir* entscheiden innerlich darüber, wie unser Leben an jedem Tag, in jeder Stunde — und auch in jedem unserer Gedanken! — aussehen soll. Einen neuen Anfang wagen, bedeutet also nichts anderes, als sich dieser fundamentalen Wahrheit bewußt zu sein; es bedeutet, den Trennungsschmerz und die damit verbundene Trauer und Wut zu fühlen, aber die frühere Beziehung trotzdem zu respektieren und zu schätzen — um sie schließlich loszulassen und das Leben fortzusetzen; es bedeutet, in all dem Leid ein Versprechen für die Zukunft zu sehen und zu erkennen, daß die persönliche Entwicklung gerade durch diese äußere Veränderung eine neue Dimension erreicht.

Jemand hat einmal gesagt: »Nichts ist so sicher wie der Wandel.« Das Leben *ist* Veränderung. Wenn wir diese in all ihren Abstufungen durchleben und dabei den schlimmen Kummer genauso wie die heitere Gelassenheit kennenlernen, werden wir uns der Freude bewußt, die das Leben schenkt. »Jeweils nur eine Entscheidung nach der anderen, eine Veränderung nach der

anderen und von einem Tag zum nächsten«
— so verläuft nach Sharon Wegscheider-Cruse
der Heilungsprozeß, den Alkoholiker bzw. Menschen, deren Kindheit von der Trunksucht eines
Familienmitglieds geprägt war, zu bewältigen
haben. Das ist eine sehr vernünftige Aufforde-
rung an uns alle — auch an jene, die sich infolge
ihrer schmerzlichen Trennung nun völlig um-
stellen müssen.

Ich hoffe, die folgenden Meditationen, die zugleich als Zuspruch gedacht sind, werden Ihnen
während der dunklen und leidvollen Tage Halt
geben und Sie dazu anregen, in dieser Zeit ein
tieferes Verständnis zu entwickeln sowie die eigene Persönlichkeit stärker zu formen. Die Texte
sollen Sie dahin bringen, seelisch wieder ganz
gesund zu werden. Sie können mit der Lektüre
auf irgendeiner Seite beginnen — aber Sie werden den ganzen Ablauf am besten begreifen,
wenn Sie wirklich ganz vorne anfangen.

»Was mich nicht umbringt, macht mich stärker«, schrieb Friedrich Nietzsche. Wir werden
stärker, wenn wir den Verlusten und Veränderungen gegenübertreten mit der Bereitschaft, ein
aufrichtiges Leben zu führen.

Danksagung

Eine ganze Reihe von Menschen hat mich beeinflußt und inspiriert. Unter diesen sind besonders die vielen hundert Teilnehmer meiner Gesprächsgruppen hervorzuheben, in denen wir gemeinsam versuchen, die schmerzlichen Folgen einer Scheidung oder Trennung zu überwinden. Ihr Mut und ihre feste Entschlossenheit, dem inneren Leiden Einhalt zu gebieten, sind ein Beweis für die Macht des menschlichen Geistes. Diesen Menschen schulde ich sehr viel.

Meiner Frau Kate sage ich von ganzem Herzen Dank für all die Liebe, Geduld und Unterstützung. Meine besondere Anerkennung gilt auch Dr. Bruce Fisher, der die »Fisher-Seminare für Geschiedene« ins Leben gerufen hat und mir seit langer Zeit schon jede Hilfe zuteil werden läßt; ferner Bob Hoffman für die liebevolle Freundschaft, das unerschütterliche Vertrauen in meine Fähigkeiten und die ganz irdische Freude, mit der er das Leben feiert — sowie Deb Robson für die guten Ratschläge und aufmunternden Bemerkungen.

Ich möchte meinen tiefempfundenen Dank auch weitergeben an Judy Delaney, meine Lektorin bei Hazelden; mit viel Begeisterung half sie dem Manuskript über alle verlagstechnischen Hürden hinweg und bedachte es mit ihren klugen, sensiblen und notwendigen Kommentaren. Jeanne Engelmann danke ich ebenfalls für redaktionellen Beistand. Schließlich danke ich meiner Höheren Macht für die Inspiration, Unterweisung und Stärke, die mir gewährt wurden.

Keiner ist so blind wie jener, der nicht sehen will.

ANONYM

Ich verdränge nichts

Das Leben ist schön. Alles läuft wunderbar. Abgesehen von dem Gefühl, ein großes Loch in der Brust zu haben, geht es mir bestens. Nun ja, ich kann nur schwer einschlafen, und mein Kopf tut ständig weh. An manchen Tagen esse ich fast überhaupt nichts, dann wieder stopfe ich mich mit allem möglichen voll. Oft habe ich Mühe, die nötige Konzentration aufzubringen, und bin gerade noch fähig, den Wagen einigermaßen heil durch die Stadt zu steuern. Dennoch: Sieht man einmal ab von diesen Beschwerden, den gelegentlichen Wutanfällen und Tränen, in die ich plötzlich, ohne ersichtlichen Grund, ausbreche, so mache ich meine Sache doch ganz ordentlich.

Wen halte ich hier eigentlich zum Narren? Noch nie sind so viele Dinge in meinem Leben »ohne ersichtlichen Grund« schiefgelaufen. Etwas stimmt nicht. Wenn ich mir gegenüber ehrlich bin, sehe ich, daß es da wirklich einige Probleme gibt. Meine Liebesbeziehung ist in die Brüche gegangen. Damit habe ich nicht gerechnet, und mir ist völlig unklar, was ich jetzt tun soll. Meine Freunde versuchen mich zu trösten, indem sie sagen: »Die Zeit heilt alle Wunden.« Sie sagen, ich solle ein Lächeln aufsetzen und wäre bald darüber hinweg. Ich hoffe, sie haben recht; aber ich glaube, weder die Zeit noch mein Wunschdenken wird mich vor all diesen Krisensymptomen bewahren.

Ich will meine Gefühle nicht mehr verdrängen, sondern zugeben, daß ich leide. Ich weiß: Mein Schmerz verschwindet nicht, indem ich ihn ignoriere. Lieber will ich meine innere Heilung dadurch fördern, daß ich ihn zulasse und bewußt empfinde.

☐ *Heute akzeptiere ich meinen Schmerz, um von ihm zu genesen. Nicht mehr zu verdrängen, daß ich tief verletzt bin, wirkt erleichternd.*

Menschlich zu sein, ist nicht einfach. Menschlich zu werden, ist ein lebenslanger Prozeß. Wahrhaft *menschlich zu sein, ist ein Geschenk.* ABRAHAM HESCHEL

Eine Reise
ohne Ende

Es ist mir nicht möglich, den Anfang meines Lebens wirklich klar zu erkennen — und genauso bleibt auch dessen Ende ein Geheimnis. Ich verbringe meine Stunden auf einer Reise, die zwischen diesen beiden ehrfurchtgebietenden Zeitpunkten stattfindet. Obwohl ich mich danach sehne, innerlich ungebrochen, frei von jederlei Schmerz zu sein und meine Persönlichkeitsentwicklung bereits abgeschlossen zu haben. Gott ist nie »mit mir fertig«. Das Ende meiner Liebesbeziehung ist nur eine weitere Station auf dieser Reise.

Meine Charakterstärke bildet sich nicht im Verlaufe angenehmer, glücklicher Zeiten aus. Sie wird geformt in jenem Feuer, das aufflammt, wenn ich den Tatsachen des Lebens ins Auge sehe — zumal in schmerzlichen Phasen. Im gleichen Maße, wie mein Körper mehr Muskelkraft aufbringt, um den Erfordernissen körperlicher Arbeit gerecht zu werden, dehnen Herz, Geist und Seele ihre Wirkkraft aus, sobald ich mich meinen Problemen stelle.

Ich muß mit dem Faktum dieses Verlustes leben, den Schmerz empfinden, die Wut erfahren und gegen die Einsamkeit ankämpfen. Im Schmerz liegt das Versprechen, gestärkt und reifer aus diesem Abschnitt der Reise hervorzugehen. Dies ist auch eine große Herausforderung — und zugleich der Weg, dem ich folgen muß.

☐ *Heute empfinde ich meinen Verlust als eine Herausforderung, die bestanden werden muß. Ich überwinde meinen Schmerz.*

Was mich nicht umbringt, macht mich stärker.

FRIEDRICH NIETZSCHE

Ich fühle
meinen Kummer

Heute will ich meine Traurigkeit fühlen, die bedrückende Schwere in meiner Brust, die Wunde in meinem Herzen und die Beklemmung, die so stark ist, als schnürte man mir die Kehle zu. Ich will all diese Gefühle durchleiden, um mich vom Schmerz zu befreien.

Ich will die Zeit und den Ort finden, um völlig mit mir allein zu sein. Dann will ich den Signalen meines Körpers lauschen wie meinem besten Freund und zulassen, daß die Tränen in mir hochsteigen und fließen — wie Wellen, die den Strand überspülen. Ich will mich nicht schämen, und ich werde auch nicht untergehen. Ich werde in dieser Zeit ganz einfach mit meinem Kummer leben.

Sobald ich die Wörter des Schmerzes leise ausspreche, empfinde ich den Verlust meines

geliebten Wesens und die Leere, die in meinem Leben, meiner Liebe, meiner Zukunft
sich auftut. Und so werde ich trauern, klagen.

☐ *Ich fühle die Trauer, die mich von diesem
Schmerz befreien wird. Mit jedem Augenblick, da
ich betrübt bin, werden die Bürden von mir genom-
men.*

Wenn ein Mensch einen Schritt in Richtung Gott macht,
macht Gott mehr Schritte in Richtung dieses Menschen,
als es Sandkörner gibt auf der Welt.

THE WORK OF THE CHARIOT

Wer steht mir bei in meinem Schmerz?

Ich fühle mich verlassen. Der Mensch, den ich liebe, ist von mir gegangen. Die anderen sind offensichtlich ganz mit ihren Lieben und ihrem Leben beschäftigt, während mir nichts bleibt als Leere und Qual. Obwohl ich bete, ist mein Schmerz so tief und meine Ungeduld so groß, daß ich dadurch sogar die Botschaften Gottes übertöne. Allmählich glaube ich wirklich, daß niemand mich mag, und so ziehe ich mich mehr und mehr vom eigentlichen Leben zurück.

Auch wenn es nicht meine Schuld war, daß diese Beziehung auseinanderbrach, so bin ich doch verantwortlich für die isolierte Lage, in der ich mich nun befinde. Ich will also auf andere zugehen und ihren geistigen Beistand annehmen. Wir sind auf der Welt, um zusammenzusein und einander zu helfen. Und auch wenn ein jeder Verluste zu erleiden hat: Wir verlieren nicht alles. Sobald wir unsere Mißgeschicke und Kümmernisse miteinander teilen, wird unsere seelische Last leichter und das Leben um so wertvoller.

☐ *Heute bin ich nicht allein. Ich lasse Gott und meine Mitmenschen wissen, daß ich leide, und akzeptiere ihre Hilfe.*

Es war an meinem fünften Geburtstag, als Papa die Hand auf meine Schulter legte und sagte: »Vergiß nicht, mein Sohn: Wenn du je eine helfende Hand brauchst, dann findest du eine am Ende deines Arms.«

SAM LEVENSON

Ich höre
auf das Kind
in mir

Der größte Schmerz, den ich fühle, rührt von meinem inneren Kind her. Dieses genauso wunderbare wie unschuldige Wesen, das die Quelle all meiner bisherigen Lebens- epochen ist und noch immer von jugendlicher Reinheit träumt, sehnt sich nach der Freude des ihm versprochenen Lebens und braucht das Streicheln einer liebevollen Hand. Einge- hüllt in all die anderen Schmerzen, betrachtet dieser Teil von mir den Verlust des Partners als einen weiteren Verrat, der durch die Welt der Erwachsenen begangen wurde.

Mit Hilfe dieses lauteren und lichten We- sens in mir kann ich Kraft schöpfen. Genauso

wie kleine Kinder an ganz einfachen Dingen
Freude haben und sehr schnell ihre Tränen
mit einem Lächeln vertauschen, so kann auch
ich eine unverwüstliche Einstellung entwikkeln, die mir hilft, mit dem gegenwärtigen Leben fertigzuwerden.

Die Aufgabe meines erwachsenen Ich besteht darin, aus diesem Verlust eine Lehre zu
ziehen. Mein ganzes inneres Sein muß teilha-
ben an der Erfahrung solch quälender Gefühle, wie sie mich jetzt heimsuchen. Nach dem
Gewittersturm aber entdecke ich das Licht der
Sonne allein dadurch, daß ich meinem inneren
Kind lausche und seinen Träumen nachgehe.

□ *Heute folge ich dem inneren Kind auf jenem
Weg, den es mir vorgibt, höre auf seine einfachen
Wünsche, befriedige seine Bedürfnisse und benutze
seine Energie, um zu leben.*

Die Zeit
meines Lebens

Ich *beobachte* die Zeit. Sie verfließt nur langsam, die Sekunden anzeigend, die Minuten
und Stunden meiner schlaflosen Nächte. Ich
wünschte, sie würde das gleiche Tempo haben
wie vor meiner Trennung — oder überhaupt
enden und alles beseitigen, meinen Schmerz
eingeschlossen, so daß ich mich einrichten
könnte in einem genauso grauen wie starren
Dasein.

Trotzdem darf ich nicht vergessen, daß jede
Zeiteinheit: der Augenblick, der ewig dauert,
oder die Stunde, die verfliegt, mein Leben ist.
Daß es einmal langsam, dann wieder schnell
verläuft, liegt nur an meiner Wahrnehmung.
Auch wenn die Zeit in einem Rhythmus zu
vergehen scheint, der mir nicht behagt, so ist
ihr Maß doch immer gleichbleibend. Also muß

ich lernen, gemäß dem natürlichen Zeitablauf zu leben, und danach trachten, jeden Augenblick zu schätzen und auszukosten. Diese Minute jetzt gehört mir, damit ich das Beste aus ihr mache — und diese Minute ist alles, was ich je wirklich besitzen werde.

☐ *Wenn ich heute mein Leben lebe, akzeptiere ich den konstanten Rhythmus der Zeit. Ich konzentriere mich darauf, wie ich die zur Verfügung stehende Zeit am besten nutze.*

Wenn die alten Strukturen sich auflösen, kommen neue Welten zum Vorschein.   TULI KUPFERBERG

Ich befreie mich von meinen tiefsten Gefühlen

Obwohl der geliebte Mensch mich verlassen hat, muß ich manchmal feststellen, daß ich tief im Herzen an dieser Verbindung immer noch festhalte. Sie glüht darin wie die Asche eines fast erloschenen Feuers. Jedesmal, wenn ich mich davon entfernen will, werde ich von der nachlassenden Wärme wie magisch angezogen, weil ich immer noch irgendwie hoffe, ich könnte die Flamme wieder auflodern lassen.

Derlei Bemühungen sind vollkommen zwecklos. Sie vermehren nur meine Kümmernisse, führen zu noch mehr Wutanfällen und verstärken das Gefühl von Verlassenheit. Aber diese Empfindungen sind gar nicht so sehr das Problem. Der Glaube daran, daß ich das geliebte Wesen zur Rückkehr bewegen kann:

er hält meinen Schmerz beständig wach. Es ist höchste Zeit, daß ich endlich die Wahrheit begreife: Diese Liebesbeziehung ist zu Ende und lebt nur noch in meiner Erinnerung fort. Der oder die Geliebte ist nicht nur heute verschwunden, sondern für immer. Diese Tatsache muß ich akzeptieren: jetzt und in Zukunft. Indem ich mich von den tiefen Gefühlen befreie, die mich an diese Liebe binden, befreie ich mich selbst.

Ich überwinde die schmerzliche Vergangenheit, werde geheilt von meiner Seelenqual und erlange innere Freiheit allein dadurch, daß ich ablasse vom geliebten Menschen.

☐ *Ich lasse diese Liebe los und werde dadurch frei.*

Manchmal gehe ich umher und bemitleide mich selbst,
wobei ich die ganze Zeit auf mächtigen Winden durch
den Himmel getragen werde. Ojibway

Wenn ich denke,
das Leben sei
nicht lebenswert

Es gibt Tage, die sind derart anstrengend, daß mich der Zwang, ständig so weitermachen zu müssen, zu erdrücken scheint. Und da sind jene endlosen Nächte, in denen der Schmerz in mir derart heftig wird, daß ich das Gefühl habe, gleichsam auseinanderzubrechen.

In solchen Zeiten muß ich aufhören, mich selbst zu bemitleiden, und die ungeheuren Energien wahrnehmen, die sich in meinem Umkreis auftun. Die Kraft der Natur offenbart sich jeden Tag, wenn ich sie wirklich bewußt empfinden will. Geliebte Menschen und Freunde sind in meiner Nähe, wenn ich mich entschließe, die Hand nach ihnen auszustrekken. Die Unterstützung, die ich brauche, ist überall vorhanden.

Ich muß mir eingestehen, daß ich all dies nicht alleine schaffen kann, daß ich auf andere zugehen und sie um Hilfe bitten muß, um die Kraft zu empfangen, die sie mir geben können. Ich werde stärker werden, wenn ich all meine Gedanken zum Schweigen bringe und den einfachen Botschaften meiner Höheren Macht lausche. Durch diese gewinne ich eine ganz neue Vitalität, um das Leben zu meistern.

☐ *Ich bitte andere Menschen und meine Höhere Macht um Hilfe. Ich nehme ihre Liebe an.*

(Guy L. gewidmet in liebevoller Erinnerung)

Ich werde dir ein großes Geheimnis verraten, mein Freund. Warte nicht auf das Jüngste Gericht. Es findet jeden Tag statt. ALBERT CAMUS

Die Wut in meinem Innern

Ich bin diese Liebesbeziehung eingegangen wegen der Freude und des Glücks, die ich darin zu finden hoffte. Nun muß ich erkennen, daß ich mehr wollte, als ich tatsächlich bekam. Ich bin weiterhin wütend über einige Dinge, die gesagt und getan wurden — und auch über solche, die ungesagt und unerledigt blieben. Über die Schwierigkeiten und Verwicklungen meines gegenwärtigen Lebens bin ich genauso wütend wie über die Trennung.

Diese Wut erzeugt in mir eine geballte Energie, mit der ich fertigwerden muß. Ich kann diese so kanalisieren, daß sich der Allgemeinzustand meines Lebens bessert — indem ich mich mehr um meine berufliche Karriere bemühe, das Risiko eingehe, neue Freund-

schaften zu schließen, oder andere Möglichkeiten kennenlerne, wie ich Spaß haben kann.

Diese Wut beweist, daß ich viel von mir in
diese Liebesbeziehung eingebracht habe. Das
weiß ich sehr wohl. Aber ich will jetzt weder
in Bitterkeit noch in Depression verfallen —
und bin bereit, meinem Ärger Luft zu machen
und die freiwerdende Kraft in die richtige
Richtung zu lenken.

☐ *Ich akzeptiere meine Wut und lasse sie auf gesunde Weise heraus, so daß sich dadurch mein Herz
noch einmal öffnen kann.*

Das einzige, wovor wir Angst haben müssen, ist die Angst selbst. FRANKLIN D. ROOSEVELT

Ich fürchte mich

Der Verlust und all die Veränderungen, die er mit sich bringt, das Auf und Ab der Gefühle, die unheimliche Leere im Innern — all das ist zuviel für mich. Ich hege unendlich viele Zweifel, die in den geheimen Winkeln meines Herzens verborgen sind. Ich frage mich, ob überhaupt etwas zurückgeblieben ist außer der Angst. Die Antwort darauf aber kann ich mir selbst geben: Das Leben ist immer noch vorhanden, hier vor meinen Augen — doch ich werde es niemals wirklich sehen, solange ich eingeschlossen bleibe in Angst und Schrecken.

Ich frage mich auch, ob meine Angst eine reale Grundlage hat, oder ob sie dadurch verursacht wird, daß ich etwas ganz Bestimmtes *erwarte*. Angst ist nichts anderes als das Resultat unbegründeter Erwartungen hinsichtlich der Zukunft. Wenn ich vor Verzweiflung wie gelähmt bin, hat die düstere Stimmung, die ich empfinde, ihren Ursprung nicht in der Wirklichkeit, sondern in der Angst, die Zukunft könnte mir mehr aufladen, als ich zu tragen vermag.

In welcher Weise muß ich mich ändern? Ich kann zum Beispiel aufhören, das Künftige allein aufgrund des Gegenwärtigen zu definieren. Ich verringere die Angst, indem ich alles, was der neue Tag mir beschert, aufnehme und in mein Leben zu integrieren versuche. Obwohl es ein harter Kampf ist, werde ich damit fortfahren und meine Ängste nicht mehr weiter schüren.

☐ *Ich lebe im Heute und verweile nicht mehr bei dem Gedanken an eine schreckliche Zukunft.*

... und aus unserer extremen Wut erwuchs ein neues
»Ja« zum Leben.   BETTY FRIEDAN

Die Macht
des Kummers und
der Wut

Manchmal bleibe ich einfach stecken zwischen Kummer und Wut. Diese Gefühle treffen mich im Innersten. Ich muß akzeptieren, daß beide zu mir gehören. Und obwohl sie extrem schmerzlich sind, zeigt ihre Verbindung doch auch an, daß ich stärker bin, als es mir je bewußt war. Diese Kraft ist meine Lebensenergie.

Mein Schmerz wäre nicht so heftig, wenn ich nicht so tief geliebt hätte. Meine Wut wäre nicht so mächtig, wenn ich mich nicht derart verraten fühlen würde. Diese Emotionen beweisen, wie sehr ich mich engagiert habe: nicht nur in meiner Beziehung, sondern im Leben überhaupt. Also werde ich bittere Tränen weinen, meine Wut empfinden und all jene Gefühle durchleiden, die meinem Leben dennoch Farbe geben. Mag sein, daß ich dabei verrückt zu werden glaube — aber wirklich wahnsinnig wäre es, sie zurückzuhalten oder zu verdrängen.

Die Wut, die zusammen mit dem Kummer in mir aufsteigt, signalisiert, daß ich am Leben bin und daß mein Leben wichtig ist. Ich will diese Energie nutzen, um aufzubrechen in meine Zukunft.

☐ *Kummer und Wut geben mir die Kraft zur Heilung. Ich setze sie ein, um ein neues Leben zu beginnen.*

Glücklich ist man dann, wenn das Leben einem gibt, was man anzunehmen bereit ist.   KEN KEYES

Bejahende Haltung

Ich habe angekämpft gegen diese Trennung und alles, was mit ihr zu tun hat. Oft hing ich Wunschvorstellungen nach, wie mein Leben hätte sein können, sein sollen, oder wie es jetzt wohl werden wird. Ich bin vor der Realität geflohen, und dies hielt mich davon ab, mit dem inneren Heilungsprozeß zu beginnen.

Inwieweit rührt mein gegenwärtiger Schmerz daher, daß ich krampfhaft versuche, das Unveränderbare zu verändern? Die Wahrheit behagt mir nicht. Dieser augenblickliche Zustand ist nicht nach meinem Geschmack. Aber ich kann nicht verhindern, daß es regnet, und so ist es auch verlorene Liebesmüh, wenn ich mich ständig sträube und am Ende erschöpft bin. Was geschähe, wenn ich die gleiche Kraft aufwenden würde, um die Realität zu akzeptieren?

Indem ich lerne, die Dinge so zu nehmen, wie sie sind, kann ich damit aufhören, das Unkontrollierbare kontrollieren zu wollen. Zudem erkenne ich dann klarer, was zu bewältigen ist — nämlich meine direkte Reaktion auf die Veränderungen in meinem Leben.

☐ *Ich akzeptiere diesen Verlust und auch die Welt, wie sie sind. Die Sehnsucht nach Veränderung kanalisiere ich so, daß ich mich selbst verändere.*

Mutig sein heißt nicht, daß man keine Angst hat, son-
dern daß man ihrer Herr geworden ist.   S. N. BEHRMAN

Ich bin
stark

Diese Trennung hat mein Leben verändert,
und ich versuche nun, die Welt aus einem neuen Blickwinkel zu begreifen. Oft habe
ich mich schwach gefühlt, verletzt, wie am Boden zerstört. Und dennoch: Im Abgrund der
Verzweiflung schöpfe ich den Mut und die
Kraft, die ich brauche.

Ich bin tapfer genug, jeden Morgen aufzu-
stehen und ins Licht zu treten — ohne mein
geliebtes Wesen. Ich verfüge über innere
Stärke, um die Arbeit zu leisten, die ich leisten muß. Erinnerungen tauchen auf, be-
mächtigen sich meiner, bis ich das Gefühl habe, den Verstand zu verlieren — aber soweit
kommt es nicht. Ich bin stark und mache einfach weiter. Selbst wenn ich den Verlust jener
Lebensperspektiven beweine, die ich entworfen hatte: Ich bin stark, denn nur die Stärksten

können den Schmerz ertragen und trotzdem weiter ihren Weg gehen.

Ich übersehe nicht, daß hierfür Mut vonnöten ist. Obwohl mir die Trennung wie das absolute Ende erschien, werde ich aushalten. Mit jedem neuen Tag genese ich innerlich.

☐ *Der Mut gibt mir in meinem täglichen Leben die Kraft, um die Trennung zu überwinden und seelisch wieder gesund zu werden.*

Nicht die Dinge selbst bringen uns in Schwierigkeiten,
sondern die Meinungen, die wir darüber haben. Epiktet

Die Einsamkeit
überwinden

Mir ist bewußt, daß ich allein bin. Oft
fühle ich mich isoliert, einsam und verlassen. Ich habe mich schon so an dieses Gefühl, verloren zu sein, gewöhnt, daß ich befürchte, überhaupt nie mehr von irgend jemandem bemerkt zu werden.

Ich möchte mit einem anderen Menschen in
Verbindung treten — aber es lähmt mich die
Angst davor, daß ich die Hand ausstrecke und
niemanden vorfinde. Mich erschreckt der Gedanke, daß ich mit dem Ende meiner Liebesbeziehung den einzigen Schlüssel verloren haben könnte, der das Tor ins ersehnte Paradies
öffnet.

Wenn ich in meinen inneren Spiegel blicke,
sehe ich zunächst nur mich selbst. Wenn ich
weiter forsche, begegne ich den Eltern und Fa-
milienmitgliedern, meinen Freunden — und

denke an den geliebten Menschen. Erinnerungen durchfluten mich. Dann aber erkenne ich tief unten, daß ich immer noch mit vielen Menschen verbunden bin — und daß diese Beziehungen mir helfen werden, meine Einsamkeit zu überwinden.

□ *Ich sehe diese Einsamkeit nicht als dauerhaften, sondern nur als zeitweiligen Zustand an. Ich besinne mich auf meine Beziehungen zu anderen Menschen.*

Die größte Entdeckung meiner Generation besteht darin,
daß der Mensch sein Leben einfach ändern kann, indem
er seine geistige Einstellung ändert.   WILLIAM JAMES

Woran
ich glaube ...

Alles, was ich an Eindrücken aufnehme, wird durch meine innersten Überzeugungen gefiltert. Wenn ich mich vor Gewitterstürmen fürchte, kann schon das Geräusch des Windes in meinen Gedanken und Gefühlen Angst hervorrufen und verstärken — selbst wenn gar kein Gewitter aufzieht. Auf diese Weise löst jede Wahrnehmung bestimmte Reaktionen aus, die auf meinen Grundanschauungen und Wertvorstellungen beruhen.

Die Trennung vom geliebten Menschen hat meine Welt erschüttert, so daß ich mich nun frage, woran ich wirklich noch glaube, welche Ansichten ich vertrete. Eine Lektion dieses Verlustes besteht darin, daß er mir Raum gibt, von neuem herauszufinden, in welche Richtung ich mich entwickeln möchte. Ich weiß, daß Verluste zum Leben dazugehören — und daß sie auch etwas Gutes haben, das irgendwann zum Vorschein kommen wird. Wenn ich die positiven Botschaften in meinem Leben akzeptiere, werde ich mir klar über meine Kraft, mich innerlich zu erneuern.

☐ *Ich glaube an das Leben, seine Lektionen und seine Weisheit. Ich bin offen für das, was diese Zeit mich lehrt.*

Tatsächlich sind wir die ganze Zeit auf der Flucht, um zu verhindern, daß wir mit uns selbst konfrontiert werden.

ANONYM

Wenn ich
das Gefühl habe
zu platzen

E s gibt Tage, da das Leben nichts anderes ist als ein explosives Gemisch, und von überallher sprühen die Funken, die es entzünden. Wegen allem und jedem — mich selbst eingeschlossen — gehe ich in die Luft. Ich habe diese Trennung nie gewollt, und ich bin wütend! Ich schreie vor Zorn, koche innerlich und tue meinen Freunden weh mit ätzenden Bemerkungen, mache »Späße«, die das Band zwischen uns zerstören. Mein Leben scheint außer Kontrolle geraten zu sein, und mein Körper bricht unter all diesen Belastungen allmählich zusammen.

Ich kann mir klarmachen: Oft werden wir dann wütend, wenn wir uns wirklich verletzt und ängstlich fühlen — oder wenn wir frustriert sind, weil unsere Wünsche nicht in Erfüllung gehen. Ich kann zulassen, daß die Wut mir etwas beibringt über mich selbst, und lernen, ihre Energie so zu nutzen, daß mein Leben in neue Bahnen gelenkt wird.

☐ *Ich finde heraus, was hinter meiner Wut noch steckt. Ich zügle ihre Energie und leite sie um in Richtung solcher Einstellungen und Verhaltensweisen, die mir helfen, innerlich gesund zu werden.*

Du wirst Schmerzen haben und leiden. Du wirst Freu-
de haben und Frieden finden.   ALISON CHEEK

Der
geheime Sinn
des Kummers

Ich beseitige die Schranken, die mich von
meiner Traurigkeit trennen. Wenn ich zulasse, daß dieser Kummer mein ganzes Wesen
ausfüllt, hüllt er mich ein und hält mich zärt-
lich. Obwohl ich ihn zu vermeiden suchte, indem ich mich zerstreute oder wütend wurde,
sorgt dieser sanfte Schmerz jetzt überraschen-
derweise für Erleichterung.

Ich bringe meinen Kummer zum Ausdruck.
Dadurch waschen die Tränen das Gift aus
meinem Herzen. Sie besänftigen und beruhigen mich in der gleichen Art und Weise, wie
ein leichter Sprühregen die Erde abkühlt und
erneuert. Und die Traurigkeit vergeht: ihr ge-
heimer Sinn liegt gerade darin, daß ich sie erst
zulassen und empfinden muß, um sie dann

hinter mir zu lassen und einzutreten in den strahlenden Glanz meiner Zukunft. Langsam, ganz im stillen, genese ich.

☐ *Heute erfahre ich meinen Kummer und heile mich selbst durch den Trost, den er mir schenkt.*

Wenn ich glaube, daß niemand mich mag

Wenn ich das Gefühl habe, nicht akzeptiert, nicht geliebt zu werden, leide ich unter dieser Zurückweisung so sehr, daß ich oft ganz niedergeschlagen bin. Egal, wie es dazu gekommen ist: Ich habe dies nicht gewollt. Manchmal glaube ich sogar, es hätte sich alles ganz anders entwickelt, wenn ich wirklich begehrenswert wäre.

Ich will ehrlich sein, wenn solche Gedanken von mir Besitz ergreifen. Ich muß einsehen, daß ich eine Beziehung eingegangen bin zu *einem* anderen Menschen auf diesem Planeten, nicht mehr und nicht weniger. Auch wenn diese Verbindung aufgelöst worden ist, so sind damit doch nicht alle Lebensfäden durchtrennt. Ich brauche nicht die ganze Welt zu

verschenken, nur um dieser einen Liebe nach-
zutrauern.

Vielleicht habe ich zuviel gegeben. Es lag
nicht in meiner Absicht, meine Identität dadurch zu verlieren, daß ich mich nur noch der
Beziehung widmete. Und doch ist genau dies
geschehen, sonst würde ich mich nicht derart
zurückgestoßen fühlen. Wenn ich meine Persönlichkeit für jemand anderen opfere, bleibt
für mich selbst nichts mehr übrig.

Gesunde Beziehungen beginnen mit einer
gesunden Selbstliebe, denn es liegt an mir,
mich selbst zu mögen, mich zu hegen und zu
pflegen. Auf diese Weise kann ich immer ein
gesunder und ganz neuer Mensch sein.

☐ *Das Gefühl, auf Ablehnung zu stoßen, zeigt
mir, daß ich mich um mich selbst kümmern muß.
Ich habe* mich, *immer.*

Mein Leben,
meine
Entscheidung

Infolge der Auswirkungen, die die Handlungen meines früheren Partners auf mein Leben und meine Träume haben, muß ich viel Leid und Frustration erfahren. Ich fühle mich außerstande, diese Gefühle in irgendeiner Weise abzuändern.

Dabei lasse ich aber außer acht, was ich für mich selbst tun kann. Jeden Tag verfüge ich über unzählige Wahlmöglichkeiten: sowohl was meine Gedanken und Gefühle als auch meine Handlungen betrifft. Obwohl mein Einfluß auf Menschen und Umstände begrenzt ist, steht es mir immer frei, in allem, was geschieht, das Beste bzw. Schlechteste auszumachen. Ich darf — ungeachtet dessen, was andere vielleicht tun werden — niemals vergessen, daß dies *mein* Leben ist, *meine* Entscheidung.

Jeden Tag kann ich mir mein Leben ganz bewußt wählen: meine Gedanken, meine Gefühle und mein Verhalten. Heute will ich dankbar dafür sein, daß die jeweilige Entscheidung bei niemand anderem liegt als bei mir.

☐ *Heute bestimme ich selbst, wie ich auf das Leben reagiere.*

*Über Sieg und Niederlage entscheiden nicht Kilometer,
sondern Zentimeter. Gewinne also jetzt ein klein wenig
Boden, weiche nicht von der Stelle, und geh dann wieder
ein Stückchen voran.*   LOUIS L'AMOUR

Wenn ich alles
sofort
haben muß

Ich lebe in einer Gesellschaft, die von Ungeduld geprägt ist. Es gibt Instant-Kaffee, Gerichte aus der Mikrowelle, unzählige Medikamente, die schnell Erleichterung verschaffen sollen. Diese »Sofort-Mentalität« ist sehr verführerisch. Und so frage ich mich, weshalb meine innere Heilung nicht genauso flink vorangeht.

Aber dieser Prozeß braucht Zeit. Meine Beziehung hat sich im Verlauf der Zeit entwickelt, und so vollzog sich auch ihr Ende nicht so abrupt, wie ich annehme, sondern nach und nach. Ich betrüge mich selbst, wenn ich glaube, die Wunde müßte rasch heilen. Generell kann man sagen: Was nach außen hin wie ein plötzlicher Durchbruch aussieht, ist fast immer auf einen allmählichen Fortschritt zurückzuführen, der von vielen Stunden gewissenhafter Anstrengung begleitet wird. Und so werde auch ich meine innere Fassung wiedergewinnen durch überlegte und konsequente Arbeit an mir selbst.

Natürlich will ich sofort von meinem Liebeskummer geheilt werden — aber Seufzer um Seufzer muß ich tun, Träne um Träne vergießen und Lächeln um Lächeln erlernen, bis meine seelische Gesundheit wiederhergestellt ist. Wie die Redensart besagt: »Mit kleinen Schritten kommt man auch ans Ziel.«

☐ *Heute werde ich mit meinen heilsamen Kräften so geduldig und vorsichtig umgehen, wie ich nur kann.*

Wer die anderen kennt, ist weise. Wer sich selbst kennt,
ist erleuchtet.
                                            LAOTSE

Intimität

E s scheint eine Ewigkeit her zu sein, daß
ich einem anderen Menschen wirklich
nah war. Mit einigen Leuten teile ich meine
Gedanken, mit anderen meine Gefühle, aber
seit meiner Trennung habe ich gegenüber kei-
nem eine tiefe Vertrautheit empfunden. Das
vermisse ich mehr als alles andere.

Obwohl ich deutlich fühle, daß diese innige
Verbundenheit nicht vorhanden ist, will ich
doch nicht schon jetzt mit irgend jemandem
intimeren Umgang pflegen. Ich muß heraus-
finden, wer ich bin — eher in Beziehung zu
mir selbst als zu anderen. In dem Maße, wie ich
mich weiterentwickle und verändere, werde
ich dieses neue Ich verstehen und pflegen.

Ich brauche diese Zeit jetzt, um mich selbst
kennenzulernen. Wenn ich enge Verbindungen zu früh aufnehme, kann das mein inneres
Wachstum beeinträchtigen. Ich werde nicht

ewig warten, aber im Augenblick mache ich die besten Erfahrungen dadurch, daß ich geduldig bin, die Wunden ausheilen lasse und mich gegenüber meinen Freunden soweit öffne, wie es mir richtig erscheint.

☐ *Ich bin genau dort, wo ich sein soll. Ich feiere meine neue Entwicklung, indem ich sie als eine innere erkenne. Ich pflege vertrauten Umgang mit mir selbst.*

Manche Leute reden davon, daß sie Gott finden müßten
— als ob er je verloren gehen könnte. ANONYM

Ich bin
nicht allein

Es gibt Tage, an denen ich mit niemandem in Verbindung treten kann. Alle Gesichter, die ich sehe, erscheinen mir fremd, unbekannt — als wären diese Menschen unfähig, *mich* zu erkennen. Ich habe das Gefühl, von unsichtbaren Schranken umgeben zu sein, die mich von der Welt abtrennen, und leide unter diesem schrecklichen Schweigen, das einer Gefangenschaft gleichkommt. Sehr leicht versinkt man in diesen Tagen — so daß sie sich in die Länge dehnen, zu Wochen werden, Monaten, Jahren ...

Aber weder bin ich verloren noch hat man mich vergessen. Auch wenn ich mir der Gegenwart Gottes nicht ständig bewußt bin: Gott denkt an mich. Wie wäre ich sonst imstande, jeden Tag heil zu überstehen? Wo würde ich sonst die Kraft finden, um weiterzumachen? Meine Höhere Macht ist immer bei mir und in mir.

Da ich nun weiß, daß ich nicht allein bin, betrachte ich diese Partnerschaft als eine Hilfe bei meiner inneren Heilung.

☐ *Indem ich mir heute meiner Höheren Macht gewahr bin, bleibe ich in Verbindung mit dem Leben.*

Das Leben mag zwar hart sein, aber es ist auch wunder-
bar.   Aus dem Film »SMALL CHANGE«

Alles ist ein
Geschenk

Jenseits dieses Gefühlsnebels kommen mir
manchmal auch noch andere Dinge zu Bewußtsein als das Ende meiner Liebesbeziehung. Ich sehe zum Beispiel, wie schön die
Sonne aufgeht. Ich höre den Straßenverkehr,
das Gespräch von Menschen und all die anderen Geräusche des Lebens. Dort draußen stehen immer noch Bäume, blühen immer noch
Blumen und gehen die Jahreszeiten immer
noch ihren Gang. Ich muß erkennen, daß das,
was mich zutiefst erschüttert, die Welt anscheinend völlig kalt läßt. Wie schafft das Leben es nur, daß es ständig weitergeht?

In dieser Verwunderung liegt auch ein
Trost. Ich nehme die Form einer Wolke wahr,
die Farbe eines Blütenblatts, den zarten, rei-
nen, ja sinnlichen Geruch, den der Regen in
der Luft zurückläßt. Farben, Töne, Blicke und

Gerüche nehmen meine Sinne in Besitz und geben mir zu verstehen, daß all dies Gottes Gaben sind, die meinem Leben einen Wert geben. Das Leben ist wie ein Geschenk, das wir öffnen, ohne zu wissen, was sich innen verbirgt. Auch wenn ich nicht alles mag, was ich da vorfinde: die schwierigen, schmerzlichen Bestandteile lehren mich mehr als der ganze Rest zusammen.

☐ *Ich danke dem Leben für alles — für seine erfreulichen wie für seine schmerzlichen Seiten.*

Im tiefsten Winter erfuhr ich schließlich, daß in mir ein unerschütterlicher Sommer ruhte.

ALBERT CAMUS

Die innere Wiedergeburt

Ich lerne allmählich, daß es keine Geburt gibt ohne Tod. Auch wenn ich nicht mehr an meine Trennung denken möchte, so begreife ich doch die bittersüße Botschaft, die besagt, daß nichts ewig dauern kann, daß die Dinge des Lebens gerade deshalb wertvoll sind, weil ihnen nur eine begrenzte Zeitspanne zubemessen ist.

Anhand des zyklischen Ablaufs, dem die Jahreszeiten unterliegen, verstehe ich, daß der Tod die Wiedergeburt zur Folge hat — daß er eine Veränderung einleitet. Und so sehe ich auch mich selbst inmitten dieses rhythmischen Wechselspiels, wobei Geburt und Tod gewissermaßen meine Partner sind. Diese Erkenntnis stellt sich immer dann ein, wenn ich meine Liebesbeziehung loslasse und den Verlustschmerz im gleichen Maß empfinde wie die Erleichterung, die mit dem Gefühl innerer Befreiung einhergeht.

Der Tod in mir, *mein* Tod, ist Bestandteil des Lebens. Obwohl diese Trennung eine leere Stelle in meinem Innern zurückläßt, schafft sie doch auch Raum, der von neuem ausgefüllt sein will. So, wie ich in der Vergangenheit mit vielen verschiedenen Verlusten fertigwerden mußte, werde ich auch diesmal ganz neu beginnen. Ich weiß: Aus der frostigen Kälte des Winters entsteht die lichte Wärme des Sommers.

☐ *An diesem heutigen Tag transzendiere ich den Tod in mir, um das neue Leben zu finden. Ich bin wiedergeboren.*

Da alles in der Welt bloße Erscheinung ist, die in voll-
kommener Weise sich selbst entspricht und nichts zu tun
hat mit Gut oder Böse, Bejahung oder Verneinung, kann
man getrost in Lachen ausbrechen.   LONG CHEN PA

Habe
ich trotzdem
Freude?

Obwohl sie sich vielleicht verbirgt, gibt es
eine Person in mir, die Spaß haben
möchte: ein inneres Kind, das die Freuden des
Lebens kennt. Es lächelt noch in dunklen Mo-
menten, scherzt — und hilft mir, ein klein wenig Humor zu empfinden.

In den kurzen Zeiten, da ein Sonnenstrahl
sichtbar wird am Horizont, da ich lauthals la-
che und ganz verblüfft bin über dieses Geräusch, wird mir klar: Humor ist ein wichtiger
Bestandteil meines Lebens. Das Lachen der
Seele und des Körpers kann mich von der
ständigen Last befreien, die ich mit mir her-
umtrage. Wie ein Kind, das sich für die Ach-
terbahnfahrt begeistert, ohne diese Empfin-

dung zu analysieren, kann auch ich in einen wahren Taumel geraten, wenn ich mir all die Veränderungen in meinem Leben bewußt mache.

Humor ist die beste Medizin — und Freude der Balsam für die wunde Seele. Beides kann mir dabei helfen, mein Leben so zu sehen, wie es ist, und mein inneres Gleichgewicht wiederzufinden.

☐ *Ich gestatte meinem inneren Kind wieder, Spaß zu haben. Ich finde meine Balance dadurch, daß ich mit Menschen zusammen bin, die mich an die Freuden des Lebens erinnern.*

Glücklich sind jene, die ihre Träume träumen und bereit sind, den Preis zu zahlen, damit sie in Erfüllung gehen.

KARDINAL L. J. SUENENS

Ich werde tun, was nötig ist

Viel zu lange schon sehne ich mich nach einem anderen Leben. Immerzu träume ich von günstigeren Umständen, einem glücklicheren Tag, einer erfüllten Zukunft. Dann erwache ich, und alles ist beim alten.

Ich muß mir klarmachen, daß ich selbst meine Zukunft gestalte durch Handlungen, zu denen ich fähig und bereit bin. Damit die Zukunft mir die erhoffte Zufriedenheit schenkt, muß ich willens sein, nicht nur *angenehme*, sondern vor allem auch *notwendige* Dinge zu tun — ungeachtet der Risiken, Beschwerden und Schmerzen, die damit verbunden sind.

Ich verlängere meine Qual nur, wenn ich die Tränen der Trauer, die der Wut innewohnende Energie und die Angst vor der Einsamkeit zu verdrängen suche. Wenn ich den Tatsachen nicht ins Auge sehe, verhindere ich, daß mein innigster Wunsch Wirklichkeit wird: jene tiefe Gelassenheit zu erfahren, die der Heilungsprozeß bewirkt. Die Schritte, die zur Gesundung notwendig sind, können durch nichts ersetzt werden.

☐ *Heute widme ich mich ganz meinem inneren Heilungsprozeß und unternehme das dafür Notwendige.*

Was weh tut, ist auch lehrreich.   BENJAMIN FRANKLIN

Mit dem Schmerz leben

Jeder Tag konfrontiert mich mit bestimmten Herausforderungen — aber die größte besteht darin, zu erkennen, was *tatsächlich* geschieht. Ich habe unzählige Möglichkeiten ersonnen, vor der Wirklichkeit davonzulaufen — aber mein Schmerz besteht weiterhin. Deshalb will ich heute meine Augen nicht verschließen, sondern mit diesem Schmerz leben.

Indem ich das *ganze* Leben in Betracht ziehe, kann ich Hoffnung schöpfen. Anstelle dessen, was mir fehlt, kann ich mir bewußt machen, was ich habe. Ich kann die positiven Seiten der Gegenwart schätzen lernen — und dieses Wissen einbringen in die Zukunft. Wenn ich realistisch bin, gewinne ich jene Kraft zurück, die durch die Verdrängung des Schmerzes verlorenging. Meine innere Genesung kann nur auf der Grundlage faktischer Gegebenheiten beginnen.

☐ *Ich akzeptiere das Leben so, wie es ist. Wenn ich das Leben realistisch betrachte, werde ich von meinem Kummer geheilt.*

Wir bewegen uns nicht zur Dunkelheit, sondern zum Licht hin. ASHLEY MONTAGU

Ich bin
am Leben

Am heutigen Tag will ich einmal die Natur betrachten und mir klarmachen: Ich bin am Leben. Wie die Blumen, die blühen, die Bäume, die wieder Blätter bekommen, die Vögel, die sich in die Lüfte schwingen, so nehme auch ich meinen Platz auf dieser Erde ein, um zu leben, zu geben und zu lieben.

Heute will ich einfach all die negativen Überzeugungen vertreiben, die meine Liebe zum Leben abtöten. Ich werde dafür so ruhig werden wie der tiefe Wald. Wenn ich dann die ewige Harmonie der Natur wahrnehme, werde ich den erfrischenden Lebensstrom fühlen, der durch mich zieht.

Heute werde ich einfach *sein* und das Leben akzeptieren. Ich weiß, daß ich auf der Welt bin

— und so gewiß, wie das Leben existiert, fühle ich mich wohlauf.

☐ *Ich lasse meine negativen Gedanken los und akzeptiere alles, was in mir ist, als Ausdruck meiner Lebendigkeit.*

Die größte Belohnung für die Mühen, die der Mensch
auf sich nimmt, besteht nicht in dem Entgelt, das er da-
für bekommt, sondern in der Entwicklung, die er da-
durch erfährt.   JOHN RUSKIN

Ich kann
verzeihen

Aufgrund all dessen, was mir widerfahren
ist, kann ich nur schwer verzeihen.
Durch den Schmerz und die Wut, die sich gegen den geliebten Menschen, mich selbst und
die ganze Welt, ja sogar gegen meine Höhere
Macht richtet, wird meine Fähigkeit, Verge-
bung zu leisten, stark beeinträchtigt. Manchmal glaube ich wirklich, das Leben bestünde
nur noch aus Ärger, Leid und Unglück. Wenn
ich so denke, reißen die alten Wunden wieder
auf. Ich lasse sie einfach nicht zuheilen.

Ich *muß* verzeihen und kann es auch. Das
heißt nicht, daß alles, was geschehen ist,
plötzlich in Ordnung geht, oder daß der erlit-
tene Verlust keine Rolle mehr spielt. Aber ich
neige dazu, so viele ungute Gefühle in mei-

nem Innern zurückzuhalten. Dagegen hat das Verzeihen eine befreiende Wirkung, so daß ich dann der Mensch werden kann, der ich gerne sein möchte.

Ich werde verzeihen. Ich werde meine Gefühle vollständig empfinden, um geheilt zu werden. Meine genauso ehrliche wie versöhnliche Haltung hilft mir, die Freuden und schönen Dinge des Lebens noch einmal ganz neu kennenzulernen.

☐ *Ich verzeihe. Wenn ich loslasse, finde ich wieder zu mir selbst und werde ein neuer Mensch.*

Die meisten Leute sind etwa so glücklich, wie sie wirklich glücklich sein wollen.

ABRAHAM LINCOLN

Ich bin der Mensch, der ich sein will

Ich wollte nicht, daß all dies geschieht. Wie kann ich also glücklich sein, wenn mein gegenwärtiger Zustand nicht meinen Wünschen entspricht?

Es ist kein Geheimnis, daß das Ziel unserer Bemühungen die Erfahrungen prägt, die wir dabei machen. Erstrebe ich Selbstbejahung, Wohlergehen, innere Gelassenheit? Bisher habe ich die meiste Zeit versucht, mich vom Schmerz zu befreien. Dann mußte ich erkennen, daß mein Tun nur noch mehr Elend und Leid zur Folge hatte, weil es für mich bereits feststand, daß ich ohne den geliebten Menschen sowieso nicht glücklich sein könnte.

Nun mag es an der Zeit sein, sich anders zu entscheiden. Vielleicht muß ich mich jetzt zum Glück *entschließen*, selbst wenn ich mich oft verletzt, wütend und leer fühle. Da die Wahl bei mir liegt, kann ich genausogut für das votieren, was ich eigentlich möchte. Wenn ich der Mensch werde, der ich sein will, ziele ich darauf hin, ein glücklicher Mensch zu sein.

☐ *Heute entscheide ich mich dafür, glücklich zu sein, und feiere jenes Ich, das dabei zum Vorschein kommt.*

Wenn du denkst, gehst du auf eine Reise, und wenn du liebst, wirkst du anziehend. Du bist heute da, wohin dich deine Gedanken geführt haben; und morgen bist du dort, wohin dich deine Gedanken führen werden.

JAMES ALLEN

Mich selbst lieben

Weil ich den geliebten Menschen verlor, denke ich manchmal, jede Form von Liebe sei mir für immer abhanden gekommen. Besser wäre es, ich erinnerte mich daran, daß ich einmal fähig war, Liebe zu geben, und auch geliebt wurde. Dann wird mir klar, daß die Liebe, die ich für diesen anderen Menschen empfand, auch ein Geschenk sein kann, das ich mir selbst mache.

Durch diese Selbstliebe adressiere ich an mich jene zärtlichen Gefühle, die ich lange Zeit jemand anderem zukommen lassen wollte. Dadurch kann ich andere besser lieben und werde selbst empfänglicher für die Liebe, die sie mir zeigen. Innerhalb dieses Wechselspiels begreife ich nicht nur, daß die Liebe bei mir beginnt — sondern daß ich auch den ersten Schritt tun muß, um geliebt zu werden.

□ *Heute lenke ich den Strom der Liebe in meine Richtung. Ich gebe mir selbst, was ich anderen gewähren möchte.*

Verstehen kann man das Leben nur in der Rückschau,
aber leben muß man es mit dem Blick nach vorn.

Søren Kierkegaard

Ich werde durchhalten

Ich bin verblüfft, wie sehr das Zeitempfinden vom jeweiligen Gefühlszustand abhängen kann. Ein vergnüglicher Nachmittag vergeht im Nu, während sich eine qualvolle Stunde ewig hinzieht. Obwohl ich beide Phasen kenne und durchlebe, scheint der Schmerz doch immer viel länger anzuhalten. Aber ich werde die eine wie die andere Erfahrung gut überstehen.

Mein Leben ist nicht immer von Freude erfüllt, so sehr ich mir dies auch wünschen mag. Im Moment scheint es sogar oft von Leid und Wut geprägt zu sein. Seltsamerweise jedoch erzeugt gerade dies eine Intensität des Lebens — genauso wie eine Verbrennung oder Schramme mich spüren läßt, daß ich eine Haut habe.

Es braucht Zeit, bis die Haut wieder verheilt ist — und so muß ich auch Geduld haben mit meinen seelischen Wunden. Um zu leben bzw. gesund zu werden, ist die tiefe Bereitschaft vonnöten, schwierige Zeiten zu ertragen und sowohl den Schmerz anzunehmen wie auch die Lektionen, die er einen lehrt. Auf diese Weise gelingt mir mehr als nur die Wiederherstellung meiner Gesundheit. Ich wachse über den Menschen hinaus, der ich vorher war.

☐ *Wenn ich diese schmerzliche Zeit akzeptiere und allmählich überwinde, werde ich am Ende weiter sein als je zuvor.*

Wohin du auch gehst: Du bist immer schon da.

EARNIE LARSEN

Den inneren Frieden finden

In diesem ganzen Durcheinander, das mein Leben ist, habe ich doch eine große Sehnsucht: nämlich inneren Frieden zu finden. Oft glaubte ich, eine bestimmte Aufgabe, eine Liebesbeziehung oder ein anderer Wohnort würde mir das Gefühl von Gelassenheit schenken. Da aber weiterhin alles in die verkehrte Richtung läuft, kommt es mir jetzt so vor, als könnte nichts auf der Welt jenen Frieden schaffen, den ich herbeiwünsche.

Ich lasse ständig außer acht, daß dieser eben nichts anderes ist als *mein* Frieden. Andere Leute oder materieller Besitz mögen zu meinem Wohlergehen beitragen — aber sie können mich nicht zu einem gesunden, gelassenen und ganzen Menschen machen. Je mehr ich außen nach etwas suche, desto weniger suche ich innen nach den Gaben, die mir selbst zugute kommen können. Auch wenn andere durch Worte und Taten mich vielleicht dazu bringen, daß ich meinen Charakter besser kenne, so kann ich doch den Gehalt ihrer Botschaften erst dann begreifen, wenn ich den Frieden *in mir* gefunden habe.

☐ *Der Frieden, den ich suche, ist schon die ganze Zeit in mir selbst. Ich entschließe mich jetzt, ihn zu finden.*

Keine Wolke ist so groß, daß hinter ihr nicht trotzdem die Sonne scheint.

RATTLESNAKE, ein amerikanischer Bergpionier aus der Zeit um 1870

Worum ich mir Sorgen mache

Obwohl ich früher auch schon oft besorgt war, habe ich jetzt das Gefühl, nur noch Sorge zu sein — so sehr beeinträchtigt diese all meine Gedanken und Schritte. Da meine Welt entzwei brach, befürchte ich, daß mir das ganze Leben zwischen den Fingern zerrinnt.

Woher diese Sorge kommt? Aus der Angst, die Trennung und alles, was mit ihr zusammenhängt, könnte mein Leben weiterhin in Mitleidenschaft ziehen. Weil ich die Zukunft anhand gegenwärtiger Umstände definiere, empfinde ich auch diese Angst, die aus dem Gefühl meiner Ohnmacht resultiert, aus der festen Überzeugung, *immer* ohnmächtig zu sein. Mich quält der Gedanke, daß *ich mir* völlig abhanden komme.

In dem Maße, wie ich seelisch gesund werde und neue Energie dadurch finde, daß mein bloßer Überlebenswille sich allmählich umwandelt in den Drang nach innerer Entwicklung, kann ich meine Sorgen loslassen. Die Vergangenheit braucht mir keinen Schrecken einzujagen. Wenn ich die Verbindung zu meiner Höheren Macht intensiviere und pflege, bekomme ich die Kraft, meine Zukunft viel reicher zu gestalten, als ich es mir je vorgestellt habe.

□ *Meine gleichsam partnerschaftliche Beziehung zu Gott hilft mir, innerlich zu wachsen.*

»Einsamkeit« ist das Wort, um den Schmerz über das Alleinsein auszudrücken, »Abgeschiedenheit« hingegen bringt die Herrlichkeit des Alleinseins zum Ausdruck.

Paul Tillich

Allein sein

In gewissem Sinne bin ich mein ganzes Leben lang allein. Niemand kennt meine Freuden und Leiden so gut wie ich. Das heißt jedoch nicht, daß ich nur auf mich selbst angewiesen bin. Obwohl ich immer ein Individuum bleiben werde, habe ich doch immer auch teil am Ganzen. Wenn ich mich einsam fühle, muß ich mir unbedingt klarmachen: Dieses Gefühl der Verlorenheit bedeutet nicht, daß ich tatsächlich verloren *bin*.

Im Alleinsein gibt es zwei Lektionen, die gelernt werden sollten. Zum einen kann ich diese Zeit nutzen, um mich selbst besser kennenzulernen. Ich befinde mich an einem ruhigen Ort, um all meine tiefen Gefühle zu empfinden, ohne daß die äußere Welt mich dabei ablenkt. Diese Phasen sind dazu da, daß ich mich geistig und körperlich regeneriere. Zum anderen kann ich die Gelegenheit wahrnehmen, mein Bedürfnis nach Intimität wirklich zu begreifen — denn meine Einsamkeit drückt im Grunde nichts anderes aus als die verborgene Sehnsucht nach menschlichen Beziehungen.

Je besser ich mich selbst und meine Bedürfnisse verstehe, desto mehr komme ich dahin, daß sie befriedigt werden. Deshalb kann ich auch beschließen, auf die anderen wieder zuzugehen. Während meines Alleinseins kommt mir zu Bewußtsein, daß ich ein starkes Verlangen nach der Gesellschaft von Menschen habe. Diese Einsicht ist ein Geschenk, das mir durch die Trennung von anderen gewährt wurde.

☐ *Aus dem Alleinsein ziehe ich die Lehren, die mir helfen, mich selbst zu finden.*

... niemand, der sich selbst kennenlernt, bleibt so, wie er vorher war.
                                                    THOMAS MANN

Ich
finde mich
selbst

Obwohl ich leide, erfahre ich jeden Tag mehr über den Menschen, der ich war, der ich bin, der ich sein werde.

Sobald ich besser begreife, in welcher Weise meine Beziehung zu Ende ging, bin ich ganz überrascht über mein menschliches Verhalten. Die Liebe hat mich dazu gebracht, meine Zärtlichkeit und Sensibilität zum Ausdruck zu bringen. Die Traurigkeit enthüllte meine Fähigkeit, Einfühlungsvermögen und Mitgefühl zu empfinden. Die Wut verlieh mir neue Energie und innere Stärke. Wenn ich all diese Eigenschaften an den Tag lege, kann ich leichter die Quelle meines Selbst erschließen, die tiefer liegt, als ich dachte. Diese Entdeckung gibt mir Hoffnung und Mut, im Lernprozeß fortzufahren.

Ich finde mich selbst — und das ist wunderbar.

☐ *Heute beschäftigt mich, was ich über mich selbst
in Erfahrung gebracht habe. Ich erfreue mich an
meinem inneren Wachstum.*

Es ist unmöglich, besser zu sein als das eigene Selbstbild.

EARNIE LARSEN

Ich bin so, wie ich mich sehe

Mein Leben ist angefüllt mit vielen Menschen, Orten und Ereignissen. Durch die Erfahrungen, die ich in letzter Zeit gemacht habe, erkenne ich nun, daß mein Augenmerk eher den dunklen Seiten galt als den hellen, eher den Niederlagen als den Erfolgen. Diese Einsicht verstärkt nur noch das Gefühl innerer Leere.

Ich habe so lange über meine Mißgeschicke nachgesonnen, daß mir die düsteren Aussichten schon ganz angenehm geworden sind. Ich widme meinen charakterlichen Mängeln zuviel Aufmerksamkeit und verwerfe meine Tugenden zu schnell. Dann ziehe ich mich in mein Schneckenhaus zurück und habe ständig Angst davor, noch mehr Fehler zu machen.

Wie soll ich jemals glücklich werden, wenn ich immer nur das Negative wahrnehme?

Ich werde mir jetzt einmal Zeit nehmen, um meinen inneren Wert anzuerkennen und mich der Welt in einer Weise zu öffnen, wie ich es bisher noch nie getan habe. Dadurch schaffe ich ein positives Selbstbild, eine neue Vision, die mein Leben erleuchtet.

□ *Ich erkenne, daß die Zeit für Veränderungen günstig ist. Ich bin offen für meine wertvollen und starken Seiten.*

Wenn du tust, was du immer getan hast, bekommst du dafür, was du immer bekommen hast.

ANONYM

Wenn ich
Schuldgefühle
habe ...

Wenn ich mich an das Leben mit dem geliebten Menschen erinnere, werden mir viele Momente bewußt, in denen ich Fehler gemacht habe: Ich reagierte wütend, ich versuchte zu manipulieren, ich weinte unaufrichtige Tränen, ich war nicht immer ehrlich. Indem ich diesen Erinnerungen nachhänge, empfinde ich angesichts meines Versagens ein starkes Schuldgefühl und gebe mich um so mehr meinem Schmerz hin.

Jetzt stehe ich am Scheideweg. Ich kann in der Richtung meiner Schuldgefühle weitergehen, um im Unglück zu enden — oder eine neue Richtung einschlagen und aus meinem früheren Verhalten Lehren ziehen. Ich kann die Vergangenheit nicht ändern, aber doch zumindest verstehen, daß der von Schuldgefühl markierte Weg mich am Fortschreiten hindert.

Ich tat mein Bestes, soweit ich es vermochte; selten waren meine Beweggründe wirklich bösartig. Und so will ich meine Kraft lieber neuen Taten als alten Reuegefühlen widmen. Das Leben ist zu kurz, um es der Vergangenheit zu verpfänden. Die Gegenwart hält neue Versprechen bereit.

☐ *Ich betrachte meine Vergangenheit mit Verständnis und lerne dadurch eindringliche Lektionen.*

Je ruhiger du wirst, desto besser kannst du hören.

BABA RAM DASS

Ich werde
mich selbst
erkennen

I ch habe es satt, die Forderungen anderer
Menschen zu erfüllen, die mir meine Konzentration, meine Zeit, ja mein Leben stehlen.
Früher war ich versucht, mit einer Vielzahl
von Aktivitäten meinen Geist zu beruhigen,
aber dadurch entfernte ich mich nur noch
mehr von jenem Zustand inneren Friedens.
Wenn ich mich also heute aufgrund all dieser
äußeren Umstände ausgelaugt fühle, werde
ich innehalten und über mich selbst nachden-
ken.

Ich stelle dann fest, daß mein Tun nur *einen*
Teil meiner Persönlichkeit ausmacht. Sobald
ich mich von den äußeren Ablenkungen zu-
rückziehe, vernehme ich die Stimme eines tie-
feren, gelasseneren Selbst.

Worum kreisen meine Gedanken? Was fühle ich? In welcher Richtung möchte ich mich entwickeln? Ich will ganz einfach meine Empfindungen, meine Wünsche, meine Bedürfnisse in Betracht ziehen. Wenn ich offen bin und lausche, werde ich mich selbst erkennen und erneuern, um an der Welt wieder Anteil zu nehmen.

Ich werde mein innerstes Wesen entdecken und lernen, daß es sich widerspiegeln muß in all meinen Handlungen.

☐ *Ich lausche meiner inneren Stimme und wende ihre weisen Einsichten im Leben an.*

Ich entwickle meine Persönlichkeit

Oft versuche ich meinen inneren Wert anhand meiner Leistungen zu definieren. Aber im Moment fällt es mir schwer, sie in irgendeiner Weise befriedigend zu finden, und so glaube ich, daß mein Tun genausowenig wertvoll ist wie mein Wesen. Der Schmerz, den ich empfinde, hat die Wahrnehmung meiner selbst getrübt und verzerrt.

Statt mir wie ein Versager vorzukommen, will ich mein verändertes Leben als einen Reifeprozeß erfahren, der dem des Weines oder des Käses ähnelt; Eigenart und Qualität verfeinern sich aufgrund der Zutaten und mit der Zeit.

Mein Lebensziel besteht nicht darin, perfekt

zu werden, sondern mich ständig weiterzu-
entwickeln. Da es immerzu Möglichkeiten
gibt, innerlich zu wachsen und dazuzugewin-
nen, reife ich mit jedem Tag, der vorübergeht.

☐ *Heute betrachte ich meinen Verlust als eine Gelegenheit, innere Fortschritte zu machen.*

Daß wir leben, ist Gottes Geschenk an uns. Was wir aus uns machen, ist unser Geschenk an Gott. ANONYM

Was kann ich tun?

E in Gefühl deprimiert mich mehr als jedes andere: das der eigenen Machtlosigkeit. Ich fühle mich ohnmächtig, wenn ich zusehen muß, wie die Handlungen der anderen mich traurig und wütend machen, ängstlich und verzweifelt. Als meine Beziehung zu Ende ging, erfuhr ich, was es heißt, völlig hilflos zu sein: Ich versuchte, den geliebten Menschen von meinem Standpunkt zu überzeugen, ihn zum Bleiben zu bewegen — und scheiterte damit. Und so frage ich mich: Was kann *ich* tun?

Die größte Aufgabe des Lebens besteht darin, für sich selbst wirklich *zuständig* zu sein. Auch ich bin hier auf der Welt, um sie zu bewältigen. Denn meine innere Qual wird zum großen Teil dadurch verlängert, daß ich nicht willens bin, Verantwortung für mich selbst zu tragen. Das heißt nicht, daß ich meine Willenskraft benutze, um andere zu kontrollieren oder zu unterdrücken — sondern daß ich mich bemühe, mein *ganzes* Wesen zu ergründen und zu erfahren. Wenn ich mein Leben in die Hand nehme, bringe ich den Mut auf, das umzusetzen, was ich gelernt habe — und bewege mich liebevoll, bejahend und wissend in Richtung Zukunft.

☐ *Ich akzeptiere, daß ich über andere keine Macht habe. Ich schaue nach innen und verstehe die Kraft, durch die ich mich selbst beeinflussen kann.*

Wir können die Probleme des Lebens nur dadurch lösen,
daß wir sie lösen.   M. SCOTT PECK

Ich versuch's,
nein:
ich schaff's!

Ich habe mich voll und ganz für meine Beziehung eingesetzt. Sie ging auseinander,
und ich fürchte nun, diese Erfahrung könnte
sich wiederholen. In meiner Angst habe ich
mich dazu entschlossen, überhaupt keine neu-
en Bindungen mehr einzugehen, weil sie vielleicht ebenso scheitern. Ich weiß, daß ich mit
dieser Einstellung nicht weit komme, aber ich
habe ganz einfach Schwierigkeiten, es irgendwie noch einmal zu versuchen.

Vielleicht liegt genau hier das Problem: Ich
habe nie mehr getan, als »es irgendwie zu
versuchen«. Ich übernehme die Tätigkeiten
und Verhaltensweisen, die mir zusagen, und
vermeide jene, die zu problematisch erscheinen oder mit Schmerz verbunden sind. Vielleicht resultieren meine momentanen Schwie-

rigkeiten nicht aus meinen Taten, sondern aus meinen Unterlassungen. Vielleicht auch befinde ich mich deshalb in dieser unguten Situation, weil ich das Leben immer nur zur Hälfte ausgelebt habe, anstatt mich ihm ganz hinzugeben.

Ich konnte die Trennung nicht verhindern — aber die Art und Weise, wie ich darauf reagiere, ist allein meine Sache. Ungeachtet des Verhaltens, das andere mir gegenüber an den Tag legen: *Ich* entscheide über meine Handlungen. Alles, was ich während dieser Zeit jetzt *tue*, weist mir den Weg in Richtung jenes Menschen, der ich künftig *sein werde*.

☐ *Heute unternehme ich alle notwendigen Schritte. Ich komme den Verpflichtungen nach, die ich gegenüber mir selbst habe.*

Die Tyrannei
des Heute

Wie viele Male schon hatte ich das Gefühl, vom Heute tyrannisiert zu werden? Wie oft dachte ich: Heute muß ich all
meine Probleme lösen? Heute muß ich die
verstreuten Splitter meines Lebens wieder zu-
sammenfügen? Heute werde ich die besten
Zukunftspläne entwerfen, die sich von meiner
Vergangenheit ganz grundlegend unterschei-
den? Aber bei genauerem Hinsehen sind es
gar nicht die gegenwärtigen Ereignisse, die
mich derart unter Druck setzen, sondern die
Alpträume der Vergangenheit und das höhni-
sche Gelächter aus der Zukunft.

Wenn ich — im Gegensatz zu früher — an
diesem Tag nur das absolviere, was *tatsächlich*
ansteht, werde ich von dem ganzen Streß befreit, der mich quält. Denn das Heute setzt

sich zusammen aus *diesen* vierundzwanzig Stunden, die voller Licht und Dunkelheit sind, voller Unruhe und Schweigen. Die Vergangenheit ist vorbei. Alle morgigen Tage sind nichts als Schatten, wie sie dem nur halbgeöffneten Auge erscheinen.

Ich kann diese Zeitspanne aus einem Tag und einer Nacht gut in den Griff bekommen. Indem ich heute das Bestmögliche leiste, beginne ich, an meinem wahren Leben zu bauen.

☐ *Ich lasse die Gedanken los, die um die Vergangenheit kreisen, und zügle meine Wunschvorstellungen hinsichtlich der Zukunft. Ich bin ganz einfach hier, an diesem Ort, in dieser Zeit.*

Ich bin immer bereit, etwas zu lernen, auch wenn es mir nicht immer Freude macht, etwas beigebracht zu bekommen.   WINSTON CHURCHILL

Was ich aus den »Gefühlsresten« lerne

Selbst im fortgeschrittenen Stadium des Heilungsprozesses werde ich daran erinnert, daß die alte Wunde immer noch weh tut. Ganz plötzlich werde ich wieder hineingezogen in meinen Schmerz und durchflutet von Gefühlen, wie sie mir nur allzu vertraut sind. Das scheint gerade dann zu geschehen, wenn ich am wenigsten darauf vorbereitet bin: während ich zum Beispiel vergessene Fotografien betrachte, während ein Freund zufällig etwas über den geliebten Menschen erzählt oder während ich einfach nur ein bestimmtes Lied im Radio höre. Diese »Gedächtnisstützen« sind sozusagen die übriggebliebenen Reste meiner Liebesbeziehung.

Und doch sind auch aus diesen »Überbleibseln« bestimmte Lektionen zu lernen. Die weiterhin vorhandenen Gefühle zeigen mir, an welchem Punkt ich noch etwas tun muß, um seelisch ganz gesund zu werden. Zudem weisen sie mich darauf hin, daß ich nicht mehr ständig diesen Schmerz zu ertragen habe. Denn er ist jetzt von kürzerer Dauer und längst nicht mehr so intensiv; ich leide weniger darunter als früher. Und da ich heute in zunehmendem Maße gewillt und auch fähig bin, meine Gefühle wirklich zu empfinden, arbeite ich die noch unerledigten Probleme durch, ohne dabei etwas zu verdrängen.

Solche »Restbestände« noch einmal durchzugehen, ist nicht einfach. Genauso, wie die Trennung kam, ohne daß ich es wollte, tauchen frühere Gefühle und Erinnerungen ganz unverhofft auf. Aber sie sind meine Lehrmeister. Durch sie verstehe ich, wie weit meine »Vergangenheitsbewältigung« fortgeschritten ist.

☐ *Anhand meiner »Gefühlsreste« lerne ich, was ich bereits geschafft habe und was noch zu tun bleibt. Ich feiere mein inneres Wachstum.*

Ein Freund ist derjenige, der alles über dich weiß und dich trotzdem liebt.   ELBERT HUBBARD

Freundschaftliche Wärme

Da das geliebte Wesen mich verlassen hat, scheint das Leben schal, farblos und all dessen beraubt zu sein, was mir teuer ist. Sehen zu müssen, wie andere so weitermachen, als ob nichts geschehen wäre, vergrößert nur meinen Schmerz. Folglich gebe ich bloß vage Höflichkeitsformeln von mir und vermeide jeden menschlichen Kontakt, der mehr in die Tiefe ginge. Ich versäume dadurch, die Gabe der Freundschaft zu empfangen, den wertvollsten Teil einer jeden Liebesbeziehung. Auch wenn diese nicht mehr besteht, sehne ich mich doch weiterhin nach der Gesellschaft einer anderen Person.

Da sind zum Beispiel jene Menschen, die fragen, wie es mir geht, und die es anscheinend tatsächlich ehrlich meinen. Sie waren früher meine Freunde, und sie strecken immer noch die Hand nach mir aus, obwohl sie mitangesehen haben, wie ich mich immer mehr von ihnen zurückzog. Vielleicht werden sie mir zuhören, wenn ich meine traurigen Gedanken ausspreche, und mich wirklich verstehen. Gewiß haben einige von ihnen schon ähnliche Qualen durchlitten.

Ich werde mich jenen Menschen öffnen, die besorgt sind um mich. Ich werde mich meiner Freundschaften erinnern und neue Verbindungen herstellen — denn in mir ist noch ein großes Reservoir an Herzenswärme, das ich mit anderen teilen kann.

□ *Heute suche ich den herzlichen Kontakt zu Freunden. Ich durchbreche die Schale, die mich isoliert, und finde wieder Anschluß.*

Wir alle müssen zusammenhängen, sonst hängt man uns einzeln. BENJAMIN FRANKLIN

Gemeinsam
gesund werden

Ich habe gelernt, daß jeder Verlust Platz für etwas Neues schafft. Obwohl ich mich oft allein fühle, weiß ich, daß ich nicht allein bin. Andere Menschen meiner Umgebung haben ähnliche Verluste erlitten. Wir sind sozusagen stillschweigend miteinander verwandt, was uns die Möglichkeit gibt, neue Beziehungen untereinander aufzubauen.

Ich kann das Gefühl innerer Leere mit einem anderen teilen, indem ich diesem Menschen, der auch getrennt lebt, Vertrauen schenke. Das Ende meiner Liebe hat mich unglücklich gemacht. Also kann ich am besten dadurch von meinem Kummer befreit werden und heilsame Kräfte auch für andere entwikkeln, daß ich neue, gesunde Beziehungen herstelle und pflege.

Während ich alles dafür tue, um wieder zu

mir selbst zu finden, beteilige ich auch andere an diesem Prozeß. Wenn wir zusammen sind, können wir unsere unglücklichen Gefühle zeigen, die Wut herauslassen und uns von der Angst befreien. Gemeinsam können wir schaffen, wozu wir allein nicht imstande sind: Genesen von unserem Trennungsschmerz, indem wir das Leben neu entdecken.

□ *Ich helfe mir selbst und anderen, indem ich sie über meinen Heilungsprozeß auf dem laufenden halte.*

Erkennst du in dem Sandkorn eine Welt
Und in der wilden Blume himmlische Weiten,
Hast du das Grenzenlose in deiner Hand,
Der einen Stunde tiefe Ewigkeiten.

WILLIAM BLAKE

Ich bin
in Einklang mit
dem Leben

An diesem Tag werde ich innehalten und ganz still sein, lauschen und schauen, was um mich ist. Ich werde mein Herz schlagen hören. Ich werde sehen, wie der Wind die Blätter der Bäume bewegt, und die trägen Blicke meines Hundes oder meiner Katze wahrnehmen, die nichts anderes tun, als einfach nur dazusein. Ich werde völlig ruhig bleiben und mein Leben, eingebettet in die Harmonie der Natur, als Teil des Ganzen empfinden.

Allem, was in meinem Innern wütete und zerbrach, wird Beistand und Trost zuteil, wenn ich die Rhythmen der Natur, die auf ei-

ne genauso einfache wie reine Ordnung zu-
rückgehen, zu würdigen weiß. Ich atme, ich
esse, und ich lebe weiter. Mir wird bewußt,
daß diese Verbindungen zur übrigen natürlichen Welt unauflösbar sind, egal, was mir zu-
stößt. Wenn ich in Einklang bin mit der Natur,
kann ich wieder mehr Freude haben an mir
selbst.

☐ *Heute bringe ich all die inneren Stimmen, die
mich in Verwirrung stürzen, zum Schweigen und
nehme meine Umgebung wahr. Ich sehe, welchen
Platz ich im großen Ablauf des Lebens einnehme;
diese Einsicht gibt mir wieder Kraft.*

*Was wir Anfang nennen, ist oft ein Ende. Und indem
wir etwas beenden, machen wir einen neuen Anfang.
Das Ende ist unser Ausgangspunkt.*

T. S. Eliot

Loslassen

Zuweilen habe ich das Gefühl, von einem
schmalen Felsvorsprung herabzuhängen
und wegen dieses Kraftakts schon ganz wunde, schmerzende Finger zu haben. Ich kann
mich an der Kante kaum noch festhalten — an
der Welt also, wie ich sie vor meiner Trennung
kennengelernt hatte.

Ich habe Angst loszulassen, weil ich sonst
in die völlige Leere zu stürzen drohe, die vielleicht überhaupt kein Ende mehr nimmt. Das
Vergangene ist vorbei, das Jetzt tut weh, und
das Künftige erscheint als so ungewiß. Und
dennoch: Da die Zukunft rasch näherrückt,
verspüre ich den genauso erregenden wie
manchmal erschreckenden Drang, ganz loszulassen und von der Vergangenheit wirklich
Abschied zu nehmen.

Sobald ich loslasse, wird mir klar, daß nicht

ich falle, sondern daß mein früheres Leben von mir abfällt. Ich werde innerlich befreit und habe ein neues Gefühl in bezug auf mich selbst und meine Welt, in der, wie ich überzeugt bin, eine bessere Zukunft mich erwartet. So bin ich mir meiner Stärke bewußt, um ein neues Leben zu beginnen.

□ *Ich lasse mein Verlustgefühl los, und mit einem Sinn für alles Neue heiße ich diesen Tag willkommen. Ich vergesse nichts, aber ich lebe auch nicht in der bloßen Vergangenheit. Ich mache ganz einfach weiter.*

Ich feiere
mein
neues Leben

Die Erfahrung des Getrenntseins hat meine Persönlichkeit derart verändert, daß ich mich manchmal frage, wer ich eigentlich bin. Früher war mein Gefühl von Sicherheit und innerer Ganzheit eng mit der Beziehung verknüpft. Das ist jetzt natürlich nicht mehr der Fall. Ja, ich bin zu einem anderen Menschen geworden.

Ich mußte die Vergangenheit loslassen: das Gute wie auch das Schlechte, das sie mit sich brachte. Und obwohl dies einige Verwirrung auslöst, bin ich mir doch über eines sehr im klaren: die Veränderung gibt mir die Möglichkeit, mehr über mich selbst zu erfahren. Ich kann nun mir selbst eine bessere Gefährtin, ein engerer Freund sein, als ich es je war. Diese Vorstellung, daß ich mir selbst am nächsten bin, läßt mich freudig aufatmen. Auch wenn es nicht ständig andere Menschen gibt, die das Leben mit mir teilen, so habe ich doch immer mich, mich selbst!

☐ *Heute betrachte ich mich selbst mit Liebe. Sobald ich mein neues Leben wirklich feiere, erfahre ich auch, wer ich bin.*

Wir leben
in einer
Gemeinschaft

Im Gegensatz zu Leuten, deren Haus zum Verkauf steht und die auch dann überall Schilder entdecken mit der Aufschrift »Zu verkaufen«, scheine ich nur solche Zeichen zu bemerken, die mir völlig fremd sind: glückliche Paare nämlich, Frauen und Männer, die einander Freude schenken. Dadurch verstärkt sich mein Gefühl von Einsamkeit oft vehement — denn ich werde eher an meinen Verlust als an meine Beziehung zu anderen erinnert.

Aber wenn ich sehe, wie diese Menschen zusammengehören und miteinander umgehen, wird mir auch wieder bewußt, daß ein jeder von uns Mitglied einer größeren Gemeinschaft ist. Obwohl ich diese Paare vielleicht beneide, so weiß ich doch nicht, welche Probleme sie überwinden mußten, um nun derart froh und zufrieden zu sein. Und wer könnte das Glück vorhersehen, das die Zukunft für *mich* bereithält?

Wir alle gehören der menschlichen Gesellschaft an. Dieser kann ich mich zuwenden, um meinen Schmerz wie auch meine anderen Gefühle zu teilen. Sobald ich diesen Schritt unternehme, wird mir klar: ich bin nicht allein.

☐ *Ich bin ein Glied in der Kette der Menschheit, Teil eines größeren Ganzen. Durch diese Gemeinschaft gewinne ich Kraft, um meinen Trennungsschmerz besser überwinden zu können.*

Sie wußten, daß sie Pilger waren ... und so vertrauten sie sich dem Willen Gottes an und beschlossen, ihren Weg in das neue Land weiter zu gehen.

WILLIAM BRADFORD

Ich kann
mir selbst
vertrauen

Ich möchte einen Menschen finden, zu dem ich Vertrauen haben kann, aber das ist nicht einfach. Viel zu lange habe ich mich auf eine Beziehung verlassen, die nicht von Dauer war. Auf wen kann ich mich jetzt also stützen?

Die Sehnsucht nach Vertrauen ist der Sehnsucht nach Liebe sehr ähnlich. Man sucht nach etwas, das nicht außen, sondern innen gefunden werden muß. In der Hoffnung, Vertrauen wiederzugewinnen, bin ich oft einem bestimmten Menschen, einer Gruppe oder einem Ideal regelrecht nachgejagt. Solange ich jedoch meinem eigenen Urteil nicht vertraue, werde ich niemals anderen vertrauen können.

Ich muß damit aufhören, ständig die Außenwelt ins Visier zu nehmen, und — mit Hilfe meiner Höheren Macht — nun anfangen, an mich selbst zu glauben. Ich kann mit ganz kleinen Schritten beginnen: zum Beispiel jene Versprechen halten, die ich mir selbst hinsichtlich einer gesunden Lebensweise (Diät, Bewegung, Entspannung) gegeben habe; oder den eigenen Verpflichtungen auch wirklich nachkommen; oder all die anderen Dinge tun, die wichtig für mich sind. Ich kann mir Zeit nehmen, um mit solchen Menschen zusammenzukommen, die mich in jeder Weise stärken, und mir Freiräume offenlassen, um allein zu sein, zu meditieren und meine geistige Entwicklung voranzutreiben. Bald werde ich mehr Vertrauen in mich selbst haben. Dann bin ich sicherlich auch imstande, es anderen entgegenzubringen.

□ *Ich vertraue mir selbst und stelle dabei fest, daß ich auch anderen vertrauen kann. Ich erkenne meinen inneren Wert und führe — wie die Pilgerväter — ein neues und lohnendes Leben.*

*Wir alle haben in uns eine übermächtige Kraft, eine Fülle
an Weisheit und eine unstillbare Freude. Diese Eigenschaften können niemals angezweifelt noch zunichte gemacht werden.* HUSTON SMITH

Das Fundament
meines Lebens

Während dieser leidvollen Zeit wurde alles Äußere von meinem Leben genom-
men, und das zwang mich dazu, in meinem
Innern weiterzuforschen. Als ich tiefer in mich
ging, fand ich nicht nur die Kraft zum Überleben: ich entdeckte meinen Wesenskern.

Dieser Kern bildet gleichsam das Funda-
ment meines Lebens. Er ist Ausdruck der Verbindung zu meiner Höheren Macht und sorgt
nicht nur dafür, daß ich lebe, sondern daß
ich mich entwickeln und voranbringen will.
An diesem innersten Ort wird mir deutlich,
daß ich ein wertvoller Mensch bin und die
Kraft habe, über meine Trennung hinwegzu-
kommen.

Auch wenn ich noch weitere Verluste erleiden, Zeiten der Trauer, der Wut und der Angst durchmachen werde, so bleibe ich doch ganz bewußt in Kontakt mit meinem tiefen Selbst. In seinem Bannkreis kehre ich zurück zu der mir angeborenen Güte und Fähigkeit, mich selbst wieder gesund zu machen.

□ *Heute erkenne ich die Güte und die Kraft an, die mir innewohnen. Auf dieser Grundlage baue ich mein neues Leben auf.*

Ständig beklagte ich mich über die Unebenheiten des Weges, bis ich dann merkte, daß die Unebenheiten der Weg sind.

Ein Spruch aus dem Umkreis
des Zwölf-Schritte-Programms

Das Leben
ist schwierig

Es hat mich viel Kraft gekostet, nach einfacheren Methoden zu suchen, durch die meine momentanen Probleme gelöst werden könnten. Dennoch muß ich immer wieder feststellen, daß es keinen anderen Weg gibt, als zu verstehen, inwieweit dieser Verlust mein Leben verändert hat, und die diesbezüglichen Gefühle aufzuarbeiten. Ein solcher Reinigungsprozeß ist zwar schwierig, aber die Mühe lohnt sich.

Während ich darum kämpfe, diese schmerzliche Zeit hinter mir zu lassen, darf ich mir selbst nichts vormachen. Zwar werden die harten Prüfungen ein Ende nehmen, nicht jedoch die Schwierigkeiten des alltäglichen Lebens. Zudem ist mir verborgen, was die Zukunft bringen wird. Das einzige, was *ich* mitbringe, sind die Lehren, die ich aus der Vergangenheit gezogen habe. Ich will sie mir gut merken, denn ich weiß, daß die Zukunft mich auf die Probe stellen wird.

Das Leben ist nicht einfach, aber ich bin stark. Ich vertraue auf meine Fähigkeit, die Probleme in Angriff zu nehmen, anstatt auf der Suche nach bequemeren Lösungen meine ganze Kraft zu verschwenden.

☐ *Ich akzeptiere das Leben und alle Lektionen, die es mir erteilt. Jeden Tag erfahre ich mehr über das Leben und die innere Heilung.*

Innerer Schwung ist jene Kraft, die jeden Menschen an-
treibt. Sie geht nicht verloren, wenn man sich anstrengt,
sondern bleibt gerade dadurch erhalten.

GERMAINE GREER

Lust kommt
durch Tun

Ich weiß, ich sollte mich weiter um mein Leben bemühen, aber es gibt Zeiten, in denen
ich einfach das Gefühl habe, völlig ausge-
pumpt zu sein, auf der Stelle zu treten und
überhaupt keinen Schwung mehr zu haben.
Obwohl der Schmerz und die Wut zum größ-
ten Teil verschwunden sind, ist dieses seltsa-
me Gefühl von innerer Leere zurückgeblieben.
Mir tut nichts weh. Ich fühle mich nur gleich-
gültig. Schon der Gedanke, in die Welt hin-
ausgehen zu müssen, laugt mich aus.

So sitze ich herum und frage mich verwun-
dert, was das Leben mir wohl als nächstes an-
tun wird — und halte Ausschau nach vermeintlichen Gelegenheiten und warte auf den
Funken, der die erloschene Glut meines In-

nern wieder entfacht, so daß ich von neuem aktiv werden kann. Ich sollte irgend etwas tun, ich weiß, aber ich habe immer gewartet, bis ich Lust dazu hatte. Jetzt hält mich meine Trägheit stärker zurück als je zuvor.

Es ist an der Zeit, daß ich mir die Mühe mache, auf Menschen und Dinge zuzugehen, anstatt darauf zu warten, daß sie zu mir kommen. Sobald ich agiere, nimmt meine innere Triebkraft zu. Dann fühle ich allmählich die frische Energie, die mich durchströmt; dadurch kann ich wieder ein Wagnis eingehen und etwas ausprobieren. Anstatt also so lange zu warten, bis ich Lust habe, bekomme ich Lust, *indem* ich tätig bin. Welch neuartige Lektion des Lebens ich heute gelernt habe!

☐ *Heute setze ich meine ganze Energie für das Leben ein.*

Sie schaffen es, weil sie daran glauben.   Vergil

Ich werde
mich nicht mehr
verstecken

Zu lange schon verstecke ich mich hinter der Maske meines Kummers, meiner Wut. Gewiß, vieles war wirklich qualvoll. Was ich aber jetzt den anderen und mir selbst gegenüber zur Schau stelle, ist im Grunde nicht Schmerz, sondern eine Fassade, die mich davor schützt, irgendwelche Risiken eingehen zu müssen.

Ich werde über mein klagendes Ich hinauswachsen und die Vorhänge, die mein Leben verdunkeln, wieder öffnen, um die Sonne auf jenen neuen Menschen scheinen zu lassen, zu dem ich geworden bin. Ich werde den Herausforderungen nicht länger ausweichen. Es gibt so vieles zu tun in der Welt, so vieles kann erfahren werden im Innern. Angesichts des wiedergewonnenen Lebens stelle ich fest, daß der Schmerz sich in eine positive Spannung verwandelt; jetzt bin ich ganz erpicht darauf, mein neues Ich wirklich auszuleben.

☐ *Ich bin ich, sobald ich die vermeintlichen Sicherheiten aufgebe, die der Schmerz mir gewährt. Ich vertausche meine Angst gegen die innere Erregung, die mit einem neuen Leben einhergeht.*

Ein Mensch ist nur einmal jung, aber unter Umständen bleibt er ein Leben lang unreif.

CATHERINE AIRD

Älter werden, klüger werden

Es gab Zeiten in meinem Leben, da ich alles erreicht zu haben schien. Die erfolgreiche Karriere, eine glückliche Familie und lohnende Beschäftigungen trugen dazu bei, daß ich mich selbst beglückwünschen konnte. Ich hatte damals natürlich auch Probleme, aber mit viel Selbstbewußtsein und Geschick bekam ich sie sicher in den Griff. Dann ging meine Liebesbeziehung in die Brüche. Ich mußte allmählich einsehen, daß auch ich meinen Teil dazu beigetragen hatte: durch unkluges, ja törichtes Verhalten und einen manchmal unverschämten Egoismus. Dadurch wurde viel Schaden angerichtet.

Heute verstehe ich, daß innere Reife nicht unbedingt von zunehmendem Alter abhängt. Diese Einsicht ist vielleicht die tiefste, zu der ich bisher gelangt bin. Wenn ich durchs Älterwerden aber auch klüger werden möchte, muß ich mich mit meinen charakterlichen Mängeln konfrontieren sowie die begangenen Fehler erkennen und auch akzeptieren, um neue Denk- und Verhaltensweisen wirklich einüben zu können.

Die Freuden des Lebens sind nur von allzu kurzer Dauer. Als menschliches Wesen weiß ich, daß ich in meinem Leben noch mehr Fehler machen werde. Aber ich will alles dafür tun, daß es dann nicht wieder die alten sind!

□ *Für meine eigenen Unzulänglichkeiten übernehme ich die Verantwortung; das hilft mir, mein Inneres demütig zum Ausdruck zu bringen.*

Gott macht keinen Mist.

Ein Spruch aus dem Umkreis
des Zwölf-Schritte-Programms

Schuldgefühle
haben
auch ihr Gutes

Gegenüber dem geliebten Menschen legte ich oft ein Verhalten an den Tag, das mir jetzt leid tut. Ich handelte selbstsüchig, hatte Gefühlsausbrüche, lenkte alle Aufmerksamkeit auf mich und versuchte, Kontrolle auszuüben. Obwohl ich meine nur allzu menschlichen Grenzen kenne, hinterlassen diese Reaktionen in mir tiefe Schuldgefühle. Auf welche Weise kann ich sie abbauen?

Was war, ist für immer vorbei. Ich kann die Zeit nicht zurückdrehen, um mein Leben in veränderter Form noch einmal zu leben. Wenn ich aus der Vergangenheit lerne, kann ich die Zukunft zwar günstiger gestalten — aber dadurch werden die früheren Fehler nicht wettgemacht. Das ist nur möglich, indem ich aktiv Wiedergutmachung leiste.

Dazu werde ich am besten einen anderen Menschen über meine damaligen Missetaten unterrichten und auch meine Reuegefühle zum Ausdruck bringen. Ich sollte mich als erstes einem Freund offenbaren, der mein Vertrauen genießt; dann der Person, die ich verletzt habe — falls mir das möglich ist. In diesem Gespräch übernehme ich die Verantwortung für mein Tun, erzähle von meinen Gewissensbissen und bitte mein Gegenüber — wie auch mich selbst — um Verzeihung. Indem ich auf diese Weise den Schaden endgültig wiedergutmache, ändere ich auch mein Verhalten, das so viel Leid verursachte. Dadurch wird mir jenes Maß an innerem Frieden gewährt, das ich erstrebe, denn ich kann nun meine Schuldgefühle loslassen — und damit auch die schmerzlichen Erinnerungen an die Vergangenheit.

□ *Heute feiere ich meine Menschlichkeit und befreie mich von meinen Schuldgefühlen.*

Eine Reise über tausend Kilometer beginnt immer mit einem einzelnen Schritt.

LAOTSE

Jetzt verstehe ich

Nach all dieser Zeit begreife ich, was tatsächlich vorgefallen ist. Endlich erkenne ich die Gründe für meinen Schmerz. Ich bin mir über meine frühere Beziehung klargeworden und weiß, warum sie auseinanderging. Es scheint jetzt ein Leichtes, mit diesem Wissen voranzuschreiten und auf einen Schlag glücklich zu werden. Aber Verstehen und Tun sind zweierlei, die Einsicht allein bewirkt noch nichts.

Ich *habe* mich verändert; das neue Ich ist bereit, sich mit den komplexen Zusammenhängen in der Welt auseinanderzusetzen. Aber mein hart erkämpftes Wissen muß unter genauso realen wie risikoreichen Lebensbedingungen erst einmal vorsichtig erprobt werden. Obwohl ich mich frischer Kraft erfreue und festen Willens bin, muß ich eingedenk dessen, daß ich vor meiner Trennung fast genauso zuversichtlich war, dieses Gefühl zunächst ein wenig zügeln.

Ich werde jetzt ganz einfach die positiven Entwicklungen ermessen, die in mir stattgefunden haben. Ich werde sensibel sein, aber nicht zaghaft — denn obwohl ich auf meinem Weg einiges gelernt habe, so gibt es doch noch viel mehr zu entdecken.

☐ *Ich mache Gebrauch von den Lehren, die ich aus meiner Trennung gezogen habe, um dadurch wieder in die Welt zurückzukehren.*

Erfahrung ist nicht das, was einem Menschen wider-
fährt, sondern das, was er daraus macht.

ALDOUS HUXLEY

Meine inneren
Narben

E s gibt keinen Zweifel daran, daß ich mich
verändert habe. Durch all die kleinen
Schritte, die ich bisher unternahm, um mit der
Trennung fertigzuwerden, wurde der Gefühls-
schmerz allmählich gestillt und die innere
Wunde sozusagen »verbunden«. Aber Narben
bleiben trotzdem zurück; sie machen sich dadurch bemerkbar, daß ich weiterhin Angst habe, anderen Menschen nahezukommen.

Umgeben von einer unsichtbaren Mauer,
abgeschirmt und argwöhnisch — so verberge
ich mich vor den anderen, als wollte ich mich
gegen eine mögliche Wiederholung der Vergangenheit wappnen. Ich erinnere mich nur
allzu gut daran, wie schmerzhaft das Ende einer Liebe sein kann.

Die Narben in meinem Innern rühren von

diesem alten Schmerz her, und sie zeigen, was ich alles mitgemacht habe. Zwar geben sie mir zu verstehen, sehr vorsichtig zu sein, nicht aber, völlig abseits zu stehen. Obwohl ich nicht noch mehr Leid erfahren möchte, so will ich doch auch nicht allein sein. Also werde ich das Risiko auf mich nehmen und einem anderen Menschen mein Herz aufschließen: ihm von meinen Narben und all den anderen Gefühlen erzählen.

☐ *Heute befreie ich mich von der Angst und wage es, mich anderen Menschen wieder mitzuteilen.*

... wer sich selbst findet, verliert seinen Kummer.

MATTHEW ARNOLD

Wer ist das in meinem Spiegel?

Ich sehe jemanden im Spiegel und weiß, daß nicht ich es bin. Wer ist es dann? Wer ist diese Person mit sanftem Lächeln und leuchtenden Augen? Das ganze muß eine Verwechslung sein.

Viel zu lange schon hat mein Spiegel ein verhärmtes Gesicht zurückgeworfen, dessen Züge durch die Last der Trennung nach unten gezogen wurden. Nun aber blicke ich hinein und frage mich, wen ich da sehe. Dieser Mensch sieht lebendig aus, glücklich, begeistert, energisch. Könnte es sein, daß ich anders geworden bin? Könnte *ich* das gespiegelte Wesen sein?

Ich wußte, daß ich mich im Verlaufe des seelischen Gesundungsprozesses verändern würde — aber nicht, *wie sehr.* Ich habe mich schon so an diesen elenden Zustand gewöhnt gehabt, daß nun einiges zu tun bleibt, bis das heitere und ausgeglichene Ich tatsächlich von mir akzeptiert werden wird. Welchen Spaß ich dabei haben werde!

☐ *Ich nehme das Glück in mein Leben auf. Ich bin es wert, Freude zu empfinden.*

Jedes Individuum stellt eine Äußerung der gesamten Natur dar, eine einzigartige Tat des alles umfassenden Universums. ALAN WATTS

Ich erkunde mein »Single-Dasein«

In dieser ganzen Zeit stand eines unumstößlich fest: Ich hatte stets mich selbst. Gewiß, nicht immer hielt ich es mit mir aus. Oft vermied ich es, in den Spiegel zu blicken, wälzte die Probleme anderer Leute und tat so geschäftig, daß gar kein Augenblick mehr übrigblieb, um über die Welt im Innern einmal nachzudenken. Als ich endlich innehielt und mich umschaute, sah ich nur einen traurigen, wütenden, einsamen und ängstlichen Menschen. Damals mochte ich mich überhaupt nicht. Nun aber, da ich die Geschichte meiner Trennung aufarbeite, wird mir klar, daß ich mich doch verändert habe. Und immer noch stehe ich hier, auf dieser Erde.

Es gibt keine Garantien für die Zukunft, auch wenn ich mich nach einer dauerhaften

Liebesbeziehung sehne. Und doch: Wenn ich mir einer Verbindung sicher sein kann, dann der zu mir selbst. Ganz unabhängig davon, ob ich mit jemandem zusammen bin oder nicht: ich werde immer ein Individuum sein, ein einzelnes menschliches Wesen. Bin ich mir dessen bewußt, so gehe ich in einer neuen Richtung weiter.

Ich muß meine persönliche Eigenart regelrecht erforschen. Ich muß wissen, wie tief meine Gefühle sind, wie weit meine Gedanken reichen. Ich muß mein einzigartiges Wesen respektieren und schätzen — und erkennen, daß meine Bedürfnisse und Wünsche sehr wertvoll sind.

☐ *Ich feiere mich selbst dadurch, daß ich meine Individualität auslote.*

Das Leben muß gelebt werden — damit ist alles gesagt. Ich meine, mit siebzig besteht der Vorteil darin, daß man es ruhiger angehen kann. Man weiß: »Auch das wird vorübergehen.«   Eleanor Roosevelt

Ich schreite voran

Die Zeit vergeht. Ich weiß, daß all meine Erfahrungen eines Tages als Erinnerungen fortleben werden. Ich habe den Verlust des geliebten Menschen erleiden und allmählich überwinden müssen — aber auch diese Phase rückt bereits in weitere Ferne. Ich setze meinen Weg fort.

Ich bin nicht so naiv zu glauben, daß all meine Probleme einfach schon deshalb gelöst wären, weil dieser Sturm vorüber ist. Klüger geworden, weiß ich jetzt, daß künftige Erlebnisse erneut schmerzliche Gedanken und Gefühle heraufbeschwören werden. Zugleich aber ist mir auch bewußt, daß ich im Innern einen wichtigen Kampf ausgefochten habe und deshalb nun stärker bin.

Ich fühle, wie tief in mir sich etwas regt, etwas, das zu meinem Leben, zum Leben überhaupt, wesentlich dazugehört. Ich ahne den leisen Beginn einer neuen Liebe. Wie noch die zarteste Ranke sich immer höher windet, um im Licht zu sein, so gedeiht meine Liebe. Es ist die Liebe, die ich für mich selbst empfinde, für die Möglichkeiten, die das Leben mir schenkt. Ich weiß, daß sie irgendwann aufblühen wird: dann, wenn ich wieder bereit bin, mich zu öffnen und verletzbar zu sein. Ich bin heute noch nicht so weit — aber der Tag wird kommen.

☐ *Heute fühle ich, daß mein Leben erneuert worden ist. Ich beginne es voller Freude und Liebe.*

Nachwort

Manche Menschen sehen, wie die Dinge sind, und fragen: »Warum nur?« Ich sehe Dinge, die noch nie da waren, und frage: »Warum nicht?« ROBERT F. KENNEDY

Ein neuer Anfang

Nichts dauert ewig. Da die Veränderung gleichsam unser ständiger Begleiter ist, können wir Verluste nicht vermeiden. Wir können nur versuchen, sie besser zu akzeptieren und mehr aus unseren Erfahrungen zu lernen.

Die Trennung vom geliebten Menschen führt zwangsläufig in eine innere Krise. Doch auch wenn das Leid sehr groß ist, so hat es immer einen Anfang, eine Mitte und ein Ende. Wir können beschließen, es zu ertragen und dann hinter uns zu lassen — um die Zukunft anders anzugehen.

Der Schmerz, der mit diesem Verlust einhergeht, wird immer ein Teil von uns selbst sein. Wir werden ihn nicht vergessen — genausowenig wie die Beziehung, der wir immer noch ein wenig nachtrauern. Zweifellos haben wir vieles gelernt. Und gerade durch die heilsame Kraft, die wir entwickeln, erlangen wir ein neues Bewußtsein.

Wir haben einiges durchgemacht, und jetzt beginnen wir von vorn: mit frischem Schwung und mit mehr Reife. Dieser Neubeginn unterscheidet sich von allen anderen. Denn da wir den Tatsachen des Lebens unmittelbar ins Auge sehen mußten, wurden uns Einsichten zuteil, wie wir sie in dieser Form vielleicht gar nicht wollten. Aber eben weil wir mit beiden Beinen fest auf der Erde stehen, gewinnen wir auch jene wahre Stärke, um unserem Leben einen höheren Wert zu verleihen.

Wenn wir nun diese Reise, die uns durch alle Stationen des Abschieds führte, beenden, ist die Liebe, die wir unserer Höheren Macht und dem Leben überhaupt entgegenbringen, stärker und tiefer geworden. Dadurch werden wir auch wieder fähig sein, jenen einen wunderbaren Menschen zu lieben, der irgendwo auf uns wartet.

Inhalt

Meditationen